dtv

Der Vater trifft sich mit dubiosen Russen auf dem Schwarzmarkt, die Mutter ist Schauspielerin in Pigalle. Der Sohn, in Paris auf sich allein gestellt, verkehrt mit rätselhaften Frauen: Mit Madeleine Péraud, einer Esoterikspezialistin, teilt er die Liebe zu bestimmten Büchern. Sie bietet ihm an, bei ihr einzuziehen. Madame Hubersen entführt ihn abends nach Versailles. Mit einer dritten Frau, die in einer fremden Wohnung einen Mann erschossen hat, wird er fliehen und ihr helfen, die Spuren zu verwischen. Fünfzig Jahre später versucht der Erzähler, seine Jugenderinnerungen wie Teile eines Puzzles zusammenzufügen. Nobelpreisträger Modiano vermischt dabei auf unnachahmliche Weise Traum und Wirklichkeit.

Patrick Modiano, 1945 in Boulogne-Billancourt bei Paris geboren, ist einer der bedeutendsten französischen Schriftsteller der Gegenwart. Er erhielt zahlreiche Auszeichnungen, darunter den großen Romanpreis der Académie française, den Prix Goncourt, den Österreichischen Staatspreis für Europäische Literatur und 2014 den Nobelpreis für Literatur.

Patrick Modiano

Schlafende Erinnerungen

Roman

Aus dem Französischen
von Elisabeth Edl

dtv

Von Patrick Modiano ist bei dtv außerdem lieferbar:
Place de l'Étoile (14100)
Dora Bruder (14182)
Die Kleine Bijou (14243)
Im Café der verlorenen Jugend (14274)
Der Horizont (14405)
Aus tiefstem Vergessen (14432)
Unbekannte Frauen (14433)
Unfall in der Nacht (14434)
Ein Stammbaum (14435)
Gräser der Nacht (14494)
Damit du dich im Viertel nicht verirrst (14540)

Ausführliche Informationen über unsere Autorinnen und Autoren und ihre Bücher finden Sie unter www.dtv.de

MIX
Papier aus verantwortungsvollen Quellen
FSC® C019821

2020 dtv Verlagsgesellschaft mbH & Co. KG, München
Lizenzausgabe mit Genehmigung der
Carl Hanser Verlag GmbH & Co. KG, München

Die Originalausgabe erschien 2017 unter dem Titel
›Souvenirs dormants‹ bei Gallimard in Paris.
Umschlaggestaltung: Wildes Blut, Atelier für Gestaltung,
Stephanie Weischer
unter Verwendung eines Motives von Getty Images/Michael Ward
Satz: C.H.Beck.Media.Solutions, Nördlingen
(Satz nach einer Vorlage des Carl Hanser Verlags)
Druck und Bindung: Druckerei C.H.Beck, Nördlingen
Printed in Germany · ISBN 978-3-423-14746-0

Schlafende Erinnerungen

Eines Tages auf den Quais hat ein Buchtitel mein Interesse geweckt, *Die Zeit der Begegnungen.* Auch für mich gab es eine Zeit der Begegnungen, in einer fernen Vergangenheit. Damals hatte ich oft Angst vor der Leere. Dieses Schwindelgefühl spürte ich nicht, wenn ich allein war, sondern bloß mit gewissen Personen, denen ich gerade begegnet war. Um mich zu beruhigen, sagte ich mir: Es wird schon eine Gelegenheit kommen, dann mache ich mich aus dem Staub. Bei einigen dieser Personen wusste man nicht, bis wohin sie einen vielleicht mitzogen. Der Hang war rutschig.

Ich könnte zuerst einmal von den Sonntagabenden sprechen. Sie machten mich beklommen, wie alle, die den Rückweg ins Internat gekannt haben, im Winter, am späten Nachmittag, wenn der Tag sich neigt. Das verfolgt sie dann in ihren Träumen, manchmal ein Leben lang. Am Sonntagabend trafen sich stets einige Leute in der Wohnung von Martine Hayward, und ich befand mich unter diesen Menschen. Ich war zwanzig, und ich fühlte mich nicht ganz am richtigen Platz. Ein Schuldgefühl überkam mich wieder, als sei ich immer noch Schüler: anstatt zurückzufahren ins Internat, war ich weggelaufen.

Soll ich wirklich sofort von Martine Hayward sprechen und von den paar bunt zusammengewürfelten Typen, die sich an jenen Abenden um sie versammelten? Oder lieber chronologisch vorgehen? Ich weiß es nicht mehr.

Mit etwa vierzehn hatte ich mir angewöhnt, allein durch die Straßen zu schlendern, an freien Tagen, wenn der Schulbus uns an der Porte d'Orléans abgesetzt hatte. Meine Eltern waren nicht da, mein Vater mit seinen Geschäften befasst, während meine Mutter in einem Stück an einem Theater in Pigalle spielte. In jenem Jahr – 1959 – habe ich das Pigalle-Viertel entdeckt, am Samstagabend, wenn meine Mutter auf der Bühne stand, und in den zehn darauffolgenden Jahren bin ich oft dorthin zurückgekehrt. Ich werde darüber noch andere Einzelheiten erzählen, wenn ich den Mut aufbringe.

Anfangs hatte ich Angst, allein herumzuschlendern, doch um mich zu beruhigen, folgte ich immer demselben Weg: Rue Fontaine, Place Blanche, Place Pigalle, Rue Frochot und Rue Victor-Massé bis zur Bäckerei an der Ecke Rue Pigalle, ein komischer Ort, der die ganze Nacht offen hatte und wo ich mir ein Croissant kaufte.

Im selben Jahr und im selben Winter lag ich an Samstagen, wenn ich nicht ins Collège musste, in der Rue Spontini auf der Lauer, vor dem Haus, wo diejenige wohnte, deren Vornamen ich vergessen habe und die ich »Stioppas Tochter« nennen will. Ich kannte sie nicht, ich hatte ihre Adresse durch Stioppa selbst erfahren, auf einem jener Spaziergänge, zu denen mich mein Vater und Stioppa sonntags mitschleiften, im Bois de Boulogne. Stioppa war Russe, ein Freund meines Vaters, den dieser oft sah. Hochgewachsen, das Haar dunkel und glänzend. Er trug einen alten Mantel mit Pelzkragen. Er hatte einige Schicksalsschläge einstecken müssen. Wir begleiteten ihn abends gegen sechs zurück zu der Familienpension, wo er wohnte. Er hatte mir gesagt, seine Tochter sei im selben Alter wie ich und ich könnte mit ihr in Verbindung treten. Offenbar sah er sie nicht mehr, denn sie lebte bei ihrer Mutter und deren neuem Mann.

An den Samstagnachmittagen jenes Winters stellte ich mich, bevor ich meine Mutter in ihrer Theatergarderobe in Pigalle traf, vor das Haus in der Rue Spontini und wartete, dass das verglaste Eingangstor mit den schwarzen Schmiedearbeiten aufgehen möge und ein Mädchen in meinem Alter auftauchte, »Stioppas Tochter«. Ich war sicher, sie würde allein sein, sie würde auf mich zukommen und es wäre ganz einfach, sie anzusprechen. Doch sie ist nie aus dem Haus getreten.

Stioppa hatte mir ihre Telefonnummer gegeben. Jemand hat abgehoben. Ich sagte: »Ich möchte mit Stioppas Tochter sprechen.« Stille. Ich habe mich als »Sohn eines Freundes von Stioppa« vorgestellt. Ihre Stimme war hell und freundlich, als würden wir uns schon lange kennen. »Ruf mich nächste Woche wieder an«, sagte sie. »Dann können wir uns verabreden. Es ist kompliziert … Ich wohne nicht bei meinem Vater … Ich werde dir alles erklären …« Aber in der nächsten Woche und auch in den anderen Wochen jenes Winters folgte ein Klingelzeichen auf das andere, ohne dass jemand sich meldete. Zwei- oder dreimal noch legte ich mich am Samstag, bevor ich die Metro nach Pigalle nahm, vor dem Haus in der Rue Spontini auf die Lauer. Vergeblich. Ich hätte an der Wohnungstür klingeln können, aber wie beim Telefon war ich mir gewiss, niemand würde sich melden. Und dann hat es ab dem Frühling mit Stioppa keine Spaziergänge im Bois de Boulogne mehr gegeben. Auch keine mit meinem Vater.

Ich war lange überzeugt, richtige Begegnungen mache man nur auf der Straße. Darum erwartete ich Stioppas Tochter auf dem Trottoir, gegenüber von ihrem Haus, ohne sie zu kennen. »Ich werde dir alles erklären«, hatte sie am Telefon gesagt. Noch ein paar Tage lang sagte eine immer fernere Stimme diesen Satz in meinen Träumen. Ja, wenn ich ihr hatte begegnen wollen, dann weil ich hoffte, dass sie mir »Erklärungen« gab. Vielleicht konnten die mir helfen, meinen Vater besser zu verstehen, einen Unbekannten, der auf den Wegen des Bois de Boulogne stumm neben mir herging. Sie, Stioppas Tochter, und ich, der Sohn von Stioppas Freund, hatten bestimmt Gemeinsamkeiten. Und ich war sicher, dass sie etwas genauer Bescheid wusste als ich.

Um die selbe Zeit redete mein Vater am Telefon hinter der halboffenen Tür seines Arbeitszimmers. Einige Worte hatten mich stutzig gemacht: »die Russen-Bande vom Schwarzmarkt«. Fast vierzig Jahre später bin ich auf eine Liste mit russischen Namen gestoßen, von wichtigen Schwarzmarkthändlern in Paris während der deutschen Besatzung. Schaposchnikoff, Kourilo, Stamoglou, Baron Wolf, Metchersky, Djaparidzé ... Gehörte Stioppa dazu? Und mein Vater unter einer falschen russischen Identität? Ich habe mir diese Fragen ein letztes Mal gestellt, bevor sie sich ohne Antwort verlieren in grauer Vorzeit.

Als ich um die siebzehn war, bin ich einer Frau begegnet, Mireille Ourousov, die ebenfalls einen russischen Namen trug, den ihres Mannes, Eddie Ourousov, genannt »der Konsul«, mit dem lebte sie in Spanien, unweit von Torremolinos. Sie war Französin und stammte aus den Landes. Die Dünen, die Kiefern, die einsamen Strände am Atlantik, ein sonniger Septembertag … Und doch hatte ich sie in Paris kennengelernt, im Winter 1962. Ich hatte mein Collège in der Haute-Savoie mit neununddreißig Fieber verlassen, einen Zug nach Paris genommen und landete gegen Mitternacht in der Wohnung meiner Mutter. Sie war nicht da und hatte den Schlüssel Mireille Ourousov anvertraut, die für ein paar Wochen hier wohnte, bevor sie zurückfuhr nach Spanien. Als ich geläutet hatte, war sie es, die öffnete. Die Wohnung wirkte verwahrlost. Kein einziges Möbel mehr, außer einem Bridge-Tisch und zwei Gartenstühlen im Eingang, einem großen Bett mitten im Zimmer, das auf den Quai ging, und im angrenzenden Zimmer, wo ich in der Zeit meiner Kindheit schlief, ein Tisch, Stoffreste und eine Schneiderpuppe, Kleider und verschiedene, auf Bügeln hängende Bekleidungsstücke. Der Lüster verströmte ein gedämpftes Licht, denn die meisten Glühbirnen waren durchgebrannt.

Ein seltsamer Februar mit diesem gedämpften Licht in der Wohnung und den Attentaten der OAS. Mireille Ourousov war gerade vom Wintersport zurückgekommen und zeigte mir Fotos von sich und ihren Freunden auf dem Balkon eines Chalets. Auf einem der Fotos stand sie neben einem Schauspieler namens Gérard Blin. Sie sagte mir, er habe seit seinem zwölften Lebensjahr in Kinofilmen mitgespielt, ohne die Erlaubnis seiner Eltern, denn er war als Kind sich selbst überlassen. Später, als ich ihn in einigen Filmen sah, schien mir, er habe nie aufgehört, mit den Händen in den Taschen und leicht eingezogenem Kopf herumzulaufen, als schütze er sich so vor Regen. Ich verbrachte in diesen Tagen die meiste Zeit mit Mireille Ourousov. Wir nahmen unsere Mahlzeiten nur selten in der Wohnung. Das Gas war abgestellt, und Essen bereitete man gezwungenermaßen auf einem Spirituskocher. Keine Heizung. Aber es lagen noch ein paar Holzscheite im Kamin des Schlafzimmers. An einem Vormittag sind wir ins Odéon-Viertel marschiert, um eine zwei Monate alte Stromrechnung zu bezahlen, denn wir wollten an den nächsten Tagen nicht mit Kerzenbeleuchtung auskommen müssen. Fast jeden Abend gingen wir aus. Gegen Mitternacht nahm sie mich mit in ein Kabarett der Rue des Saints-Pères, ganz in der Nähe der Wohnung, wenn die Vorstellung längst zu Ende war. Ein paar Gäste standen im Erdgeschoss noch an der Bar, sie schienen sich alle zu kennen und redeten leise. Wir trafen dort einen Freund von ihr, einen gewissen Jacques de Bavière (oder Debavière), ein sportlich wirkender Blonder, von dem sie mir gesagt hatte, er sei »Journalist« und »pendle zwischen Paris und Algier«. Ich vermute, wenn sie nachts manchmal fort war, dann besuchte sie diesen Jacques de Bavière (oder Debavière), der in einer Garçonnière der Avenue Paul-Doumer wohnte. Ich habe sie einmal am Nachmittag dorthin begleitet, weil sie in dieser Garçonnière ihre Armbanduhr vergessen hatte. Jacques de Bavière war nicht da. Zwei- oder dreimal hatte er uns in ein Restaurant bei den Champs-Élysées, in der Rue Washington, eingeladen, La Rose des sables. Viel später habe ich erfahren, dass im Kabarett der Rue des Saint-Pères und in La Rose des sables damals Mitglieder einer in den Algerienkrieg verwickelten Geheimpolizei verkehrten. Und wegen dieses Zufalls habe ich mich gefragt, ob Jacques de Bavière (oder Debavière) nicht dieser Organisation angehörte. In einem anderen Winter, in den siebziger Jahren, habe ich eines Abends gegen sechs aus dem Metroeingang George-V, gerade als ich hinunterwollte, einen Mann hochkommen sehen, in dem ich, ein wenig gealtert, Jacques de Bavière zu erkennen meinte. Ich habe kehrtgemacht und bin hinter ihm hergelaufen, denn ich sagte mir, ich müsste ihn ansprechen und fragen, was aus Mireille Ourousov geworden war. Lebte sie noch immer in Torremolinos mit ihrem Mann, Eddie, dem »Konsul«? Er ging in Richtung Rond-Point des Champs-Élysées, und er hinkte leicht. Vor der Terrasse des Café Marignan bin ich stehengeblieben und habe ihn mit dem Blick verfolgt, bis er in der Menge verschwand. Warum habe ich ihn nicht angesprochen? Und hätte er mich wiedererkannt? Auf diese Fragen weiß ich keine Antwort. Paris ist für mich übersät mit Gespenstern, so zahlreich wie die Metrostationen, all die Punkte auf dem Netzplan, die aufleuchteten, wenn man die Knöpfe für eine Verbindung drückte.

Wir nahmen oft die Metro, Mireille Ourousov und ich, an der Station Louvre, um in die westlichen Viertel zu fahren, wo sie Freunde besuchte, deren Gesichter ich vergessen habe. Klar in Erinnerung geblieben ist mir, dass ich den Pont des Arts mit ihr überquerte, dann den Platz vor der Église Saint-Germain-l'Auxerrois, und manchmal durchquerten wir den Hof des Louvre, wo ganz hinten das gelbe Licht der Polizeiwache brannte, das gleiche gedämpfte Licht wie in der Wohnung. In meinem früheren Zimmer, Bücher auf den Regalbrettern neben dem großen Fenster rechts, und heute frage ich mich, durch welches Wunder sie noch da standen, vergessen, wo sonst alles verschwunden war. Bücher, die meine Mutter las, als sie 1942 nach Paris gekommen war: Romane von Hans Fallada, Bücher auf Flämisch und dann noch Bände aus der Grünen Bibliothek, die mir gehört hatten: *Der geheimnisvolle Frachter*, *Der Vicomte de Bragelonne* …

Dort, in der Haute-Savoie, hatten sie sich irgendwann Sorgen gemacht wegen meines Fernbleibens. Eines Morgens klingelte das Telefon, und Mireille Ourousov nahm den Hörer ab. Kanonikus Janin, der Schulleiter, wollte sich nach meinem Befinden erkundigen, denn seit etwa vierzehn Tagen war er ohne Nachricht.

Sie sagte ihm, »ich sei leicht erkrankt« – eine böse Grippe – und sie werde ihn auf dem laufenden halten über das genaue Datum, an dem »ich meine Rückkehr antreten könnte«. Ich habe ihr rundheraus die Frage gestellt: Würde sie mich mitnehmen nach Spanien? Man brauchte eine schriftliche Erlaubnis der Eltern, um als Minderjähriger die Grenze zu überschreiten. Und die Tatsache, dass ich noch nicht volljährig war, schien Mireille Ourousov plötzlich sehr zu beunruhigen, und zwar so sehr, dass sie Jacques de Bavière nach seiner Meinung fragen wollte.

Der liebste Augenblick des Tages war mir immer ein Wintermorgen in Paris zwischen sechs und halb neun, wenn noch Dunkelheit herrschte. Eine Atempause, bevor der Tag anbrach. Die Zeit war in der Schwebe, und man fühlte sich leichter als gewöhnlich.

Ich besuchte verschiedene Pariser Cafés zu der Stunde, da sie für die ersten Gäste ihre Türen öffneten. Im Winter 1964 traf ich mich regelmäßig in einem dieser Morgengraucafés – so nannte ich sie –, wo alle Hoffnungen erlaubt waren, solange noch Dunkelheit herrschte, mit einer gewissen Geneviève Dalame.

Das Café lag im Erdgeschoss eines dieser niedrigen Häuser am Ende des Boulevard de la Gare, im dreizehnten Arrondissement. Heute heißt dieser Boulevard anders, und die Häuser und kleinen Gebäude auf der Seite mit den ungeraden Nummern, vor der Place d'Italie, sind abgerissen. Hin und wieder kommt mir vor, als habe das Café Le Bar vert geheißen, dann wieder verblasst diese Erinnerung, so wie Worte, die man in einem Traum gehört hat und die beim Erwachen entschwinden.

Geneviève Dalame war immer als erste da, und wenn ich das Café betrat, sah ich sie am selben Tisch sitzen, ganz hinten, den Kopf über ein aufgeschlagenes Buch geneigt. Sie hatte mir gesagt, sie schlafe kaum vier Stunden pro Nacht. Sie arbeitete als Sekretärin bei den Polydor-Studios, ein Stück weiter unten am Boulevard, und deshalb trafen wir uns in diesem Café, bevor sie ins Büro ging. Ich war ihr in einer Buchhandlung für okkulte Wissenschaften in der Rue Geoffroy-Saint-Hilaire begegnet. Sie interessierte sich sehr für diese Wissenschaften. Ich ebenso. Aber nicht weil ich mich irgendeiner Lehre unterwerfen oder Schüler eines Gurus werden wollte, sondern einfach nur aus Freude am Geheimnis.

Als ich die Buchhandlung verließ, war es Nacht geworden. Und um diese Zeit im Winter hatte man das gleiche Gefühl von Leichtigkeit wie sehr früh am Morgen, wenn es noch dunkel war. Fortan sollte das fünfte Arrondissement in all seinen verschiedenen Zonen und seiner fernen Banlieue am Boulevard de la Gare für mich mit Geneviève Dalame verbunden sein.

Gegen halb neun gingen wir bis zu ihrem Büro, entlang des breiten Damms, wo die oberirdische Metro fährt. Ich hatte sie über die Polydor-Studios ausgefragt. Ich hatte gerade eine Prüfung als »Texter« bestanden, bei der Gesellschaft der Autoren, Komponisten und Musikverleger, und ich brauchte einen »Paten«, um ihr beitreten zu können. Ein gewisser Emil Stern, Komponist von Chansons, Dirigent und Pianist, war bereit, diese Rolle zu übernehmen. Er hatte vor fünfundzwanzig Jahren bei den Polydor-Studios die ersten Aufnahmen von Édith Piaf geleitet. Ich habe Geneviève Dalame gefragt, ob in den Archiven der Polydor-Studios davon noch etwas zu finden sei. Eines Morgens im Café überreichte sie mir einen Umschlag, und der enthielt die alten Karteikarten der Aufnahmen von Édith Piaf, unter der Leitung meines »Paten« Emil Stern. Sie schien ziemlich aufgewühlt, weil sie diesen Diebstahl für mich begangen hatte.

Anfangs zögerte sie, mir zu sagen, wo genau sie wohnte. Als ich sie danach gefragt hatte, war ihre Antwort: »Im Hotel.« Wir kannten uns seit zwei Wochen, und eines Abends, als ich ihr das *Praktische Wörterbuch der okkulten Wissenschaften* von Marianne Verneuil geschenkt hatte und einen Roman, in dem es um Esoterik ging, *Einem Engel zum Gedenken*, schlug sie mir vor, sie zu diesem Hotel zu begleiten.

Es lag im unteren Teil der Rue Monge, an der Grenze zum Gobelins-Viertel und dem dreizehnten Arrondissement. Fast ein halbes Jahrhundert ist vergangen, und man lebt in Paris nicht mehr in Hotelzimmern, wie oftmals nach dem Krieg und bis hinein in die sechziger Jahre. Geneviève Dalame ist wahrscheinlich die letzte in einem Hotelzimmer lebende Person gewesen, die ich gekannt habe. Mir scheint auch, in den Jahren 1963, 1964 verhielt die alte Welt ein letztes Mal den Atem, bevor sie zusammenstürzte wie all diese Häuser und all diese Gebäude in den Faubourgs und an der Peripherie, die kurz vor dem Abriss standen. Uns, die wir sehr jung waren, uns war es gegeben, noch ein paar Monate lang in den alten Kulissen zu leben. Im Hotel der Rue Monge, daran erinnere ich mich, gab es einen birnenförmigen Lichtschalter auf dem Nachttisch und einen schwarzen Vorhang, den Geneviève Dalame immer mit einem Ruck zuzog, ein Vorhang aus der passiven Verteidigung, den man seit dem Krieg nicht ausgetauscht hatte.

Sie hat mich ihrem Bruder vorgestellt, ein paar Wochen nachdem wir uns kennengelernt hatten, ein Bruder, den sie bis dahin nie erwähnt hatte. Zwei- oder dreimal hatte ich versucht, mehr über ihre Familie zu erfahren, ich spürte jedoch einen Widerstand, und darum war ich nicht weiter in sie gedrungen.

Eines Morgens betrat ich das Café am Boulevard de la Gare, und ihr gegenüber saß am üblichen Tisch ein Brünetter in unserem Alter. Ich habe mich neben sie auf die Bank gesetzt. Er trug einen Blouson mit Reißverschluss und gepolsterten Schultern, der aussah, als sei er aus Leopardenfell. Er hat mich angelächelt und mit dröhnender Stimme einen Grog bestellt, so, als wäre er hier Stammgast.

Geneviève Dalame sagte: »Das ist mein Bruder«, und aus ihrer betretenen Miene schloss ich, dass er überraschend zu Besuch gekommen war.

Er fragte, »was ich im Leben so treibe«, und ich habe ihm ausweichend geantwortet. Dann, als könnte ihm diese Auskunft irgendwie von Nutzen sein, stellte er mir eine Frage, die mich verwunderte: »Wohnen Sie in Paris?« Ich dachte mir, er habe wohl nicht immer in Paris gewohnt. Geneviève Dalame hatte mir gesagt, sie sei in einer Stadt in den Vogesen geboren, ich weiß aber nicht mehr, ob es Épinal war oder Saint-Dié. Ich stellte ihn mir vor, abends gegen elf am Tisch eines Cafés in einer dieser beiden Städte, ein Café in Bahnhofsnähe, das einzig noch offene. Wahrscheinlich trug er denselben zu weiten Blouson aus falschem Leopardenfell, und dieser auf einer Pariser Straße völlig harmlose Blouson lenkte dort bestimmt die Aufmerksamkeit auf ihn. Er saß alleine da, mit leerem Blick, vor einem Glas Bier, daneben spielte man die letzte Partie Billard.

Er wollte Geneviève Dalame zu ihrem Büro begleiten, und wir sind an dem breiten Damm des Boulevards entlanggelaufen. Sie schien sich immer unwohler zu fühlen in seiner Gegenwart, so, als wollte sie ihn loswerden. Mein Eindruck bestätigte sich, als er fragte, ob sie immer noch in dem Hotel in der Rue Monge wohne. »Ich ziehe nächste Woche um«, gab sie ihm zur Antwort. »Ich habe ein anderes Hotel gefunden, in der Gegend von Auteuil.« Er wollte unbedingt die Adresse haben. Sie nannte ihm eine Nummer in der Rue Michel-Ange, als habe sie vorausgesehen, dass er diese Frage stellen würde. Aus der Innentasche seines Blousons zog er ein in schwarzes Leder gebundenes Notizbuch und vermerkte die Adresse. Dann verließ sie uns an der Tür der Polydor-Studios und sagte zu mir noch: »Bis später«, mit einem leichten Nicken, als Zeichen des Einverständnisses.

Ich habe dann allein dagestanden mit diesem Typen im Leopardenfellblouson. »Wollen wir noch ein Glas trinken?« sagte er in entschiedenem Ton. Es hatte zu schneien begonnen, in sehr nassen Flocken, beinah Regentropfen. »Ich habe keine Zeit«, sagte ich ihm. »Ich muss zu einer Verabredung.« Doch er ging noch immer neben mir her, und ich bekam Lust, ihn abzuschütteln, einfach bis zum Metroeingang Chevaleret zu rennen, ein paar hundert Meter weiter. »Kennen Sie Geneviève schon lange? Geht sie Ihnen nicht allzu sehr auf die Nerven mit ihren Geschichten über Magie und Tischrücken?« – »Überhaupt nicht.« Er hat mich gefragt, ob ich in diesem Viertel wohnte, und ich war mir sicher, er wollte meine Adresse herauskriegen, um sie in seinem schwarzen Notizbuch zu vermerken. »Außerhalb von Paris«, sagte ich. Und ich schämte mich ein bisschen wegen dieser Lüge. »In Saint-Cloud.« Er hat sein schwarzes Notizbuch gezückt. Ich musste eine Adresse erfinden, eine Avenue Anatole-France oder Romain-Rolland. »Und haben Sie Telefon?« Einen Augenblick habe ich bei der Vorwahl gezögert und mich dann für »Val-d'Or« entschieden, gefolgt von vier Ziffern. Er schrieb alles gewissenhaft auf. »Ich will einen Schauspielkurs belegen. Kennen Sie einen?« Er musterte mich mit durchdringendem Blick. »Man hat mir gesagt, ich hätte das Aussehen dafür.« Er war groß, mit ziemlich regelmäßigen Gesichtszügen, schwarzen Locken. »Wissen Sie«, habe ich ihm geantwortet, »Schauspielkurse gibt es in Paris wie Sand am Meer.« Er schien überrascht, wahrscheinlich wegen des Ausdrucks: »wie Sand am Meer«. Er hat den Reißverschluss seines Blousons aus falschem Leopardenfell bis zum Kinn hochgezogen und den Kragen aufgestellt, um sich vor dem Schnee zu schützen, der nun dichter fiel. Endlich war ich vor dem Metroeingang angekommen. Ich hatte Angst, er könnte mir folgen und ich würde ihn nicht mehr loswerden. Ich bin die Treppe hinunter, ohne mich von ihm zu verabschieden und ohne mich umzudrehen, und dann bin ich schnell auf den Bahnsteig geschlüpft, kurz bevor die Sperre sich wieder schloss.

Geneviève Dalame hat sich über mein Verhalten ihrem Bruder gegenüber nicht gewundert. Hatte sie ihm schließlich nicht selbst eine falsche Hoteladresse gegeben? Sie erklärte mir, er sei in das Café gekommen, weil er Geld von ihr wollte. Natürlich kannte er dieses Café, das wir frühmorgens aufsuchten, und auch ihren Arbeitsplatz, aber sie sagte, solche Leute könne man leicht abschütteln. Ich teilte ihren Optimismus nicht. Sie fügte noch mit sehr ruhiger Stimme hinzu, ihr Bruder werde schon irgendwann zurück in die Vogesen fahren und dort von »kleinen Finten« leben – diesen Ausdruck gebrauchte sie –, wie er das immer getan habe. Die Tage vergingen, ohne dass wir irgendetwas von ihm hörten. Ja, vielleicht war er zurückgefahren in die Vogesen.

Eine Zeitlang stellte ich mir vor, wie dieser Bruder von Geneviève Dalame eine Telefonkabine betrat und die Nummer Val-d'Or und vier Ziffern wählte, jedoch niemand abhob. Entweder hörte er den Satz: »Sie haben sich verwählt, Monsieur«, wie ein Fallbeil. Oder ich sah ihn, wie er die Metro nahm, die Seine überquerte bis nach Saint-Cloud, in seinem Blouson aus falschem Leopardenfell. Der Winter in jenem Jahr war ziemlich streng, und so lief er mit hochgestelltem Kragen umher, auf der Suche nach einer Avenue, die es nicht gab. Und das bis in alle Ewigkeit.

Geneviève Dalame besuchte regelmäßig eine Frau, die sie als Freundin betrachtete und die sich, ihr zufolge, sehr gut auskannte mit okkulten Wissenschaften. Sie hatte ihr von unserer Begegnung erzählt und auch gesagt, ich habe ihr Marianne Verneuils *Wörterbuch* und den Roman mit dem Titel *Einem Engel zum Gedenken* geschenkt. Eines Tages hat sie mir vorgeschlagen, sie zu dieser Madeleine Péraud zu begleiten, an deren Namen ich mich jetzt nur mit großer Mühe erinnert habe. Doch mit ein bisschen gutem Willen fallen sie einem wieder ein, diese Namen, im Gedächtnis begraben unter einer leichten Schicht von Schnee und Vergessen. Ja, Madeleine Péraud. Aber vielleicht irre ich mich beim Vornamen.

Sie wohnte am Anfang der Rue du Val-de-Grâce, in der Nummer 9. Seit damals bin ich oft an dem Gittertor vorbeigegangen, das zu einem Garten führt, umgeben von drei Häuserfassaden mit hohen Fenstern. Zufällig war ich sogar erst vor vierzehn Tagen dort. Und zwar genau zu der Stunde, da Geneviève Dalame und ich immer durch das Tor gingen. Abends um fünf, im Winter, wenn die Nacht hereinbrach und man bereits Licht in den Fenstern sah. Ich war überzeugt, wieder in der Vergangenheit angekommen zu sein, durch ein Phänomen, das man die ewige Wiederkehr nennen könnte, oder einfach weil für mich die Zeit in einem bestimmten Abschnitt meines Lebens stehengeblieben war.

Madeleine Péraud war eine Brünette um die Vierzig, das Haar zu einem Knoten gesteckt, helle Augen, Kopfhaltung und Gang einer ehemaligen Tänzerin. Wie hatte Geneviève Dalame sie kennengelernt? Ich glaube, sie war zunächst für Joga-Stunden zu ihr gegangen, doch ich erinnere mich auch, dass Geneviève Dalame, bevor sie uns miteinander bekannt machte, von ihr als »Doktor Péraud« sprach. War sie Ärztin? Das alles ist an die fünfzig Jahre her, und ich muss sagen, während dieses halben Jahrhunderts habe ich mir nicht allzu viele Fragen gestellt über diese Leute, die mir über den Weg gelaufen waren. Kurze Begegnungen.

Von dem Tag an, da sie mich zum ersten Mal mitnahm, habe ich sie wiederholt zu Madeleine Péraud begleitet, abends um fünf – und am Donnerstag. Sie führte uns stumm durch den Flur, bis in den Salon. Die beiden hohen Fenster gingen auf den Garten, und wir setzten uns, Geneviève Dalame und ich auf das rote Kanapee, den Fenstern gegenüber, Madeleine

Péraud auf einen Puff, mit übereinandergeschlagenen Beinen und sehr geradem Rücken. Bei unserer ersten Begegnung hat sie mich mit ihrer tiefen, fast rauhen Stimme gefragt, ob ich studierte, und ich habe ihr die Wahrheit gesagt: »Nein, kein Studium.« Ich hatte mich an der Sorbonne eingeschrieben, bloß um meine Zurückstellung vom Militärdienst zu verlängern, aber zu Vorlesungen ging ich nie. Ich war ein Phantomstudent. Sie wollte wissen, ob ich eine Arbeit hätte, und ich sagte, ich würde meinen Lebensunterhalt so halbwegs mit Arbeiten für bestimmte Buchhändler verdienen, mit etwas, was man »Vermittlung von Büchern« nennen könnte, auch wenn mir dieser kaufmännische Begriff nicht besonders gefiel. Und ich sei Mitglied der Gesellschaft der Autoren, Komponisten und Musikverleger mit dem Ziel, Chansontexte zu schreiben. Das war alles! »Und Ihre Eltern?« Plötzlich wurde mir bewusst, dass ich in meinem Alter hätte Eltern haben können, die mich moralisch, affektiv oder materiell unterstützten. Nein, nein, keine Eltern. Und diese Antwort war so lakonisch, dass sie mehr nicht wissen wollte über ein eventuelles familiäres Umfeld. Es war das erste Mal, dass ich spontan auf mich betreffende Fragen antwortete. Bisher war ich ihnen ausgewichen, denn ich empfand ein natürliches Misstrauen gegenüber jeder Form von Verhör. Vielleicht hatte ich mich an jenem Abend gehenlassen wegen Madeleine Pérauds Blick und ihrer

Stimme, die einem so etwas wie Besänftigung einflößten, das Gefühl, jemand höre einem zu, und daran war ich nicht gewöhnt. Sie stellte gute Fragen, so, wie ein Akupunkteur die Stellen kennt, in die er mit seinen Nadeln stechen muss. Und hatte Geneviève Dalame sie nicht mehrmals »Doktor Péraud« genannt? Und dann war da noch die Ruhe in diesem Salon, die beiden hohen Fenster, die auf den Garten hinausgingen, der Schein der Stehlampe zwischen den Fenstern, die gewisse Bereiche im Halbdunkel ließ. Wegen der Stille fragte man sich, ob man wirklich in Paris war. Ich verbrachte den größten Teil meiner Tage draußen, auf den Straßen und an öffentlichen Orten, Cafés, Metro, Hotelzimmer, Kinosäle. Und die Wohnung von »Doktor Péraud« bildete zu all dem einen Gegenpol, im Winter vor allem, in den Wintern der frühen sechziger Jahre, die mir im Rückblick viel grimmiger vorkommen als die heutigen. Ich gebe zu, bei meinem ersten Besuch bei »Doktor Péraud« habe ich mir gesagt, dass es tröstlich wäre, in ihrer Wohnung zu sein, vor Kälte und Winter geschützt, und auf die Fragen zu antworten, die sie stellen würde, mit so dunkler und ruhiger Stimme.

Bei Madeleine Péraud erlaubte ich mir einen Blick auf die Bücher, die auf den Brettern eines niedrigen Regals standen, ganz hinten im Salon. Ich habe ihr gesagt, dass ich nicht indiskret sein wollte, es gehe dabei nur um eine Neugier »professioneller« Natur. »Wenn Sie unter den Büchern etwas Interessantes finden, bedienen Sie sich.« Sie ermutigte mich mit einem Lächeln. Es handelte sich um Werke über okkulte Wissenschaften. Darunter der Roman, den ich Geneviève Dalame geschenkt hatte und der vor etwa zehn Jahren erschienen war: *Einem Engel zum Gedenken.* »Es hat mich überrascht, dass Sie diesen Roman kennen«, sagte Madeleine Péraud, als erinnere dieses Buch sie an etwas Bestimmtes, mehr als eine bloße Lektüre, etwas, das verbunden war mit ihrem Leben.

Ich hatte es aus dem Regal genommen und unwillkürlich aufgeschlagen. Auf dem Vorsatzblatt eine Widmung: »Für Dich. Zur Erinnerung an die Engel. Megève. Le Mauvais Pas. Irène«, in großer Schrift mit blauer Tinte. Sie bemerkte, dass ich die Widmung gelesen hatte, und wirkte verlegen. »Ein schöner Roman«, sagte sie. »Aber ich habe noch andere Bücher, die Sie beide lesen sollten.« Und diesen letzten Satz sprach sie in autoritärem Ton. Eines Abends hat sie einen Band auf das rote Kanapee gelegt, zwischen Geneviève Dalame und mich, sein Titel lautete *Begegnungen mit bemerkenswerten Menschen.* Dieser Titel und dieses Wort, »Begegnungen«, lassen mich heute, mehr als fünfzig Jahre später, plötzlich über ein Detail nachdenken, das mir bisher nicht in den Sinn gekommen war. Ich habe nie versucht, so wie viele Leute meines Alters, den vier oder fünf Vordenkern zu begegnen, die in jener Zeit die Universitätspodien beherrschten, und der Schüler von einem unter ihnen zu werden. Warum? In meiner Eigenschaft als Phantomstudent wäre es normal gewesen, dass ich mich einem Führer zuwende, denn ich lebte in einer gewissen Einsamkeit und in einer gewissen Zerrüttung. Nur an einen einzigen dieser Vordenker erinnere ich mich, und zwar weil ich ihm eines Nachts, sehr spät, über den Weg gelaufen bin, in der Rue du Colisée. Ich hätte mir eher vorstellen können, ihm im Écoles-Viertel zu begegnen. Mir war sein schwankender Gang aufgefallen, die Traurigkeit und die Unruhe in seinem Blick. Er wirkte, als habe er sich verlaufen. Ich habe ihn am Arm genommen und führte ihn, worum er mich gebeten hatte, zur nächstgelegenen Taxistation.

Ich habe sehr schnell geahnt, dass »Doktor Péraud« einen starken Einfluss auf Geneviève Dalame ausübte. Eines Abends, als wir von ihr fortgingen und den Garten durchquert hatten, sagte sie mir, Madeleine Péraud verkehre in einer »Gruppe« – eine Art Geheimgesellschaft –, in der man »Magie« betreibe. Mehr könne sie mir nicht erzählen, denn sie verstehe nicht viel davon. Madeleine Péraud spielte auf diese Gruppe an, jedoch immer nur vage, wahrscheinlich um Geneviève Dalames Reaktionen zu beobachten, bevor sie zum Kern der Sache kam. Doch mir schien, dass Geneviève Dalame mehr wusste, als sie mir sagen wollte, vor allem, als sie einmal plötzlich die Bemerkung fallen ließ: »Du könntest sie drauf ansprechen.« Wir gingen gerade an der Umfassungsmauer entlang, kurz vor der Église Saint-Jacques-du-Haut-Pas. »Ja, du solltest sie drauf ansprechen.« Ich wunderte mich über ihr Insistieren. »Kennst du sie schon lange?« habe ich gefragt. »Nicht sehr lange. Ich habe sie eines Nachmittags kennengelernt, in einem Café ganz bei ihr in der Nähe, gegenüber vom Val-de-Grâce.« Sie war nahe daran, mir noch andere Einzelheiten zu erzählen, blieb jedoch stumm. Wir waren auf die sehr breite Straße gelangt, die an den modernen Gebäuden der École normale supérieure und der École de physique et chimie vorbeiführt und einen denken lässt, man habe sich in einer fremden Stadt verlaufen – Berlin, Lausanne oder sogar Rom, im

Parioli-Viertel –, sodass man sich fragt, ob man nicht in einem Traum spazierengeht, und schließlich sogar an der eigenen Identität zweifelt. »Du musst wirklich mit ihr sprechen«, hat Geneviève Dalame noch einmal gesagt, mit ängstlicher Stimme, als schicke sie einen Hilferuf aus. »Sie wird dir alles erklären …« Schon wollte ich fragen: »Was alles?«, doch ich hatte das Gefühl, eine so unvermittelte Frage würde sie nur noch betretener machen und sie stehe tatsächlich unter dem Einfluss von »Doktor Péraud«. »Ja natürlich, ich werde mit ihr sprechen«, und ich bemühte mich um einen ruhigen und gelassenen Ton. »Gleich am nächsten Donnerstag, wenn wir sie besuchen. Sie interessiert mich sehr, diese Frau. Sie macht einen äußerst intelligenten Eindruck. Ich bin gespannt, mehr zu erfahren.«

Wir waren vor dem Eingang ihres Hotels angekommen. Sie wirkte erleichtert. Sie hat mich angelächelt. Ich glaube, sie war mir dankbar, weil ich geantwortet hatte, ich könne es kaum erwarten, mehr zu erfahren. Ich war ganz ehrlich, als ich das sagte. Schon als Kind und Jugendlicher verspürte ich große Neugier gegenüber allem, was die Geheimnisse von Paris betraf, und fühlte mich stark von ihnen angezogen.

Aber ich habe nicht bis zum nächsten Donnerstag gewartet, um »mehr zu erfahren«. Eines Morgens, als ich Geneviève Dalame von ihrem Hotel zu den Polydor-Studios begleitet hatte, nahm ich die Metro in entgegengesetzter Richtung, und nachdem ich an der Station Censier-Daubenton ausgestiegen war, ging ich bis zum Val-de-Grâce.

Ich kam an das Gittertor, und ohne zu zögern, durchquerte ich den Garten. Erst als ich in die Haustür trat, ist mir durch den Sinn gefahren, dass ich Madeleine Péraud hätte anrufen müssen und fragen, ob sie mich empfangen könne.

Mich überraschte das Klingeln der Glocke, das mir nicht aufgefallen war, wenn ich in Begleitung von Geneviève Dalame auf diesem Treppenabsatz gestanden hatte: dünne, erstickte Töne, die ständig zu verlöschen drohten, sodass ich mit dem Finger immer weiter auf den Knopf drückte, und ich war nicht sicher, ob Madeleine Péraud das Gebimmel hören würde, wenn sie sich in dem Raum ganz hinten aufhielt.

Die Tür ist einen Spalt weit aufgegangen, ohne dass ich das leiseste Geräusch von Schritten vernommen hätte. Stand sie hinter der Tür und wartete auf einen möglichen Besucher? Sie schien nicht erstaunt, mich zu sehen. Wie sie es immer tat, führte sie mich stumm durch den Flur. Zum ersten Mal betrat ich den Salon im Tageslicht. Sonnenflecken lagen auf dem Parkett. Durch das Fenster sah ich den Garten unter einer dünnen Schneeschicht. Ich fühlte mich noch ferner von Paris als an den Abenden, wenn ich mit Geneviève Dalame hierher kam.

Sie hat sich links von mir auf das rote Kanapee gesetzt, dort, wo sonst Geneviève Dalame saß. Sie heftete den Blick auf mich.

»Geneviève hat mich eben angerufen, um mir zu sagen, dass Sie mich sehen wollten. Ich habe Sie erwartet.«

So war dieser Besuch also ohne mein Wissen beschlossen worden. Vielleicht hatten alle beide mich, ohne dass ich etwas merkte, in Hypnose versetzt.

»Sie hat bei Ihnen angerufen?«

Mir war, als hätte ich diese Szene schon in einem Traum erlebt. Ein Sonnenstrahl fiel auf das Bücherregal hinten an der Wand. Für einen Augenblick herrschte zwischen uns Schweigen. Bis ich es schließlich brach.

»Ich habe das Buch gelesen, das Sie mir geliehen

haben ... *Begegnungen mit bemerkenswerten Menschen* ... ich hatte schon davon gehört ...«

Das war in den zwei Jahren gewesen, die ich auf einem Collège in der Haute-Savoie verbracht hatte. Einer meiner Schulkameraden, Pierre Andrieux, hatte mir anvertraut, seine Eltern seien Schüler vom Autor dieses Buchs, Georges Ivanovitch Gurdjieff, ein »spiritueller Lehrer«. Seine Mutter hatte uns, Pierre Andrieux und mich, an einem freien Tag im Auto mitgenommen auf das Plateau d'Assy, um eine Freundin von ihr zu besuchen, eine Apothekerin und ebenfalls Anhängerin dieses Gurdjieff. Ich hatte Bruchstücke ihrer Unterhaltung mitgehört. Es war die Rede von »Gruppen«, die dieser Mann um sich herum geschaffen hatte, um seine »Lehre« besser zu verbreiten. Und der Ausdruck »Gruppen« hatte mich stutzig gemacht.

»Ach ja ... Sie hatten davon gehört? Bei welcher Gelegenheit?«

Ihr Gesichtsausdruck spiegelte Unruhe und zugleich Interesse, als fürchtete sie, ich könnte über bestimmte Geheimnisse unterrichtet sein.

»Ich habe eine Zeitlang in der Haute-Savoie gelebt. Dort gab es ein paar Schüler von Georges Ivanovitch Gurdjieff ...«

Ich hatte diesen Satz langsam ausgesprochen und dabei ihrem Blick standgehalten.

»In der Haute-Savoie?«

Offenbar war sie nicht darauf gefasst, dass ich dieses Detail kannte. Ich wirkte wie ein Polizist, der durch einen Überraschungseffekt ein Geständnis erzwingen will. Aber ich war kein Polizist. Bloß ein netter junger Mann.

»Ja ... in der Haute-Savoie ... in der Gegend des Plateau d'Assy ... nicht weit von Megève ...«

Ich erinnerte mich an die Widmung, die im Roman *Einem Engel zum Gedenken* stand und wahrscheinlich an sie gerichtet war: »Für Dich ... Megève ... Le Mauvais Pas ...«

»Und Sie haben Schüler Gurdjieffs gekannt ... in der Haute-Savoie?«

»Ja, ein paar ...«

Ich hatte das Gefühl, sie warte mit einer gewissen Nervosität, dass ich Namen nannte.

»Die Mutter eines Schulkameraden ... Sie hatte uns mitgenommen zu einer Freundin, die ebenfalls eine Schülerin Gurdjieffs war ... eine Apothekerin ... auf dem Plateau d'Assy ...«

In ihrem Blick las ich Verwunderung.

»Ja, ich habe sie gekannt, vor langer Zeit ... diese Apothekerin vom Plateau d'Assy ... Auch sie hieß Geneviève, Geneviève Lief ...«

»Ich kannte ihren Namen nicht«, habe ich gesagt.

Sie hat den Kopf sinken lassen, als versuche sie sich genauer an diese Frau zu erinnern. Und vielleicht noch an andere Details aus einem Abschnitt ihres Lebens.

»Ich bin mehrmals bei ihr gewesen, auf dem Plateau d'Assy …«

Sie hatte meine Gegenwart vergessen. Ich schwieg, denn ich wollte sie nicht herausreißen aus ihren Gedanken. Nach einer Weile drehte sie sich zu mir.

»Ich hätte nicht gedacht, dass Sie mich an all diese Dinge erinnern würden.«

Sie wirkte so verstört, dass ich mich gefragt habe, ob es nicht besser wäre, das Gesprächsthema zu wechseln.

»Geneviève hat mir erzählt, dass Sie Joga-Stunden geben. Ich würde gern Joga-Stunden bei Ihnen nehmen.«

Sie hatte mich nicht gehört. Den Kopf wieder gesenkt, versuchte sie bestimmt die paar Erinnerungen zu sammeln, die sie an diese Apothekerin auf dem Plateau d'Assy noch hatte.

Sie ist näher an mich herangerückt. Unsere Gesichter berührten sich fast. Mit leiser Stimme sagte sie:

»Ich war sehr jung … ich dürfte Ihr Alter gehabt haben … ich hatte eine Freundin, die hieß Irène … Sie hat mich mitgenommen zu den Treffen bei Gurdjieff … in Paris, Rue des Colonels-Renard … Es gab da eine ganze Gruppe von Schülern in seinem Umfeld …«

Sie sprach schnell, abgehackt, als richte sie sich an einen Beichtvater. Und das war mir unangenehm, denn ich hatte weder das Alter noch die Erfahrung, um die Rolle des Beichtvaters zu spielen.

»Und dann bin ich mit meiner Freundin Irène in die Haute-Savoie gefahren ... nach Megève und auf das Plateau d'Assy ... Sie musste in ärztliche Behandlung, in ein Sanatorium auf dem Plateau d'Assy ...«

Sie war bereit, mir ihr Leben zu erzählen. Alle möglichen Leute haben das in den folgenden Jahren getan, und ich habe mich oft gefragt warum. Wahrscheinlich weckte ich Vertrauen. Ich hörte den Menschen gerne zu und stellte ihnen Fragen. Oft passierte es, dass ich im Café Gesprächsfetzen Unbekannter auffing. Ich notierte sie so unauffällig wie möglich. Wenigstens waren diese Worte nicht für immer verloren. Sie füllen fünf Hefte, mit Datum und mit Auslassungspunkten.

»Irène, hat sie Ihnen *Einem Engel zum Gedenken* gewidmet?« fragte ich sie.

»Ja, sie war es.«

»Am Ende der Widmung steht: ›Le Mauvais Pas.‹ Ich kenne Le Mauvais Pas gut.«

Sie hat die Stirn gerunzelt, es sah aus, als denke sie angestrengt nach.

»Das war so eine Art Nachtlokal, wo ich mit Irène hinging.«

Ich hatte das verfallene Gebäude an der Landstraße zum Mont d'Arbois nicht vergessen, ein Teil trug Brandspuren. An der Fassade hing eine Tafel aus hellem Holz, auf der in roten Buchstaben »Le Mauvais Pas« geschrieben stand. Ich hatte mehrere Monate in einem Kinderheim verbracht, nur ein paar hundert Meter weiter oben.

»Ich war seit damals nie wieder in der Haute-Savoie«, sagte sie mit schroffer Stimme, als wollte sie unser Gespräch abbrechen.

»Nachdem Sie Gurdjieff kennengelernt hatten, gehörten Sie dann auch zu den ›Gruppen‹?«

Meine Frage schien sie zu überraschen.

»Ich frage Sie das, weil die Mutter meines Freundes und die Apothekerin vom Plateau d'Assy dieses Wort oft gebrauchten ...«

»Das war ein Wort, das Gurdjieff benutzte«, gab sie mir zur Antwort. »›Arbeitsgruppen‹ ... die ›Arbeit an sich selbst‹ ...«

Aber ich glaube, sie hatte keine Lust, mir ausführlichere Erklärungen zu geben über die Lehre von Georges Ivanovitch Gurdjieff.

»Ihre Freundin Geneviève ...«, sagte sie auf einmal. »Verrückt, welche Ähnlichkeit sie hat mit Irène ... Als ich sie zum ersten Mal gesehen habe, in dem Café gegenüber vom Val-de-Grâce, war das für mich ein Schock ... Ich habe geglaubt, da sitze Irène ...«

Was sie mir da eben anvertraut hatte, brachte mich

kein bisschen aus der Fassung. Seit meiner Kindheit hatte ich so viele merkwürdige Reden aufgeschnappt, hinter angelehnten Türen, zu dünnen Hotelzimmerwänden, in Cafés, Wartesälen, Nachtzügen …

»Ich mache mir große Sorgen um Geneviève … Darüber möchte ich mit Ihnen sprechen …«

»Große Sorgen, weshalb?«

»Sie lebt auf eine ganz seltsame Weise … so, als ob sie von Zeit zu Zeit abwesend wäre aus ihrem Leben … Finden Sie nicht?«

»Nein.«

»Eigenartig, dass Sie das nicht bemerkt haben … Manchmal hat man den Eindruck, sie geht neben ihrem Leben her … Ist Ihnen das nie aufgefallen? Mussten Sie bei ihr nie an eine Schlafwandlerin denken?«

Dieses Wort beschwor den Titel eines Balletts herauf, das ich als Kind gesehen hatte und das mir in angenehmer Erinnerung geblieben war. Ich versuchte herauszufinden, ob es eine Ähnlichkeit geben könnte zwischen Geneviève Dalame und jener Tänzerin, die langsam, mit vorgestreckten Armen eine Treppe hinaufstieg.

»Eine Schlafwandlerin … vielleicht haben Sie recht«, sagte ich.

Ich wollte ihr nicht widersprechen.

»Irène war ganz genau wie sie … ganz genau … Sie hatte Augenblicke von Geistesabwesenheit … Ich versuchte dagegen anzukämpfen …«

»Und was hielt Gurdjieff davon?«

Es tat mir sofort leid, dass ich diese Frage gestellt hatte. Damals kam es immer wieder vor, dass ich so unpassende Fragen stellte. Ich wollte zum Ende kommen. Wenn ich den Leuten lange zugehört und ihnen dabei die größtmögliche Aufmerksamkeit geschenkt hatte, verspürte ich manchmal ein jähes Gefühl von Überdruss und den plötzlichen Drang, alle Brücken hinter mir abzubrechen.

»Gurdjieff hatte einen guten Einfluss auf sie. Auf mich ebenfalls. Ich habe Irène immer ermutigt, seiner Lehre zu folgen.«

Sie hat sich zu mir gedreht und lange den Blick auf mich geheftet. Sie schüchterte mich ein.

»Wir müssen Geneviève helfen.«

Sie hatte einen so ernsten Ton angeschlagen, dass sie mich schließlich davon überzeugte, Geneviève Dalame drohe unmittelbare Gefahr. Und doch, so sehr ich auch überlegte, ich kam nicht dahinter, um was für eine Gefahr es sich handeln könnte.

»Sie müssen sie überreden, hierherzuziehen.«

Ich war überrascht, dass sie mir eine solche Aufgabe anvertraute.

»Es ist sehr schlecht für Geneviève, im Hotel zu wohnen. Irène war ganz genau wie sie … Ich kenne das Problem gut … Ich habe drei Monate gebraucht, bis ich sie überzeugt hatte, dieses schreckliche Hotel in der Rue d'Armaillé aufzugeben. Zum Glück fanden die Treffen bei Gurdjieff im selben Viertel statt ... sonst hätte Irène ihr Zimmer den ganzen Tag nicht verlassen ...«

Ja, diese Irène war tatsächlich sehr wichtig gewesen in ihrem Leben.

»War das Hotel, in dem sie wohnte, so nah bei Gurdjieff?« fragte ich.

»Etwa fünfzig Meter entfernt ... Irène hatte sich ein Zimmer in diesem Hotel genommen, um so nah wie möglich bei Gurdjieff zu sein.«

So genügt es also, einer Person über den Weg zu laufen oder ihr zwei-, dreimal zu begegnen oder sie in einem Café oder auf dem Gang eines Zuges reden zu hören, und schon erhascht man Bruchstücke aus ihrer Vergangenheit. Meine Hefte sind vollgeschrieben mit Satzbrocken von anonymen Stimmen. Und heute versuche ich auf einer Seite, die den anderen gleicht, ein paar Worte festzuhalten, gewechselt vor beinahe fünfzig Jahren mit einer gewissen Madeleine Péraud, deren Vornamen ich nicht einmal mit Sicherheit weiß. Irène, das Plateau d'Assy, Gurdjieff, ein Hotel in der Rue d'Armaillé ...

»Sie müssen Geneviève überreden, hierherzuziehen ...«

Wieder hatte sie leise gesprochen und war mit ihrem Gesicht näher an meines herangerückt. Sie schaute mir fest in die Augen, und dieser Blick versetzte mich in einen Zustand der Benommenheit, wie in jenen Träumen, wo man zu fliehen sucht, aber wie angewurzelt dasteht.

Es musste ziemlich viel Zeit vergangen sein, ein paar Stunden, an die ich mich kaum erinnern kann, eine sogenannte Gedächtnislücke. Es wurde bereits Abend, der Salon lag im Halbdunkel, und ich saß immer noch mit ihr auf dem roten Kanapee.

Sie ist aufgestanden und hat die Stehlampe zwischen den beiden Fenstern angeknipst. Sie ist vor das Regal getreten und hat zwei Bücher von den Brettern genommen.

»Hier ... Sie können gern noch andere haben, wann immer Sie möchten ...«

Die beiden Bücher waren schmal und wirkten eher wie Broschüren: *Essais sur le bouddhisme zen* von Suzuki, zweiter Band, Éditions Adrien Maisonneuve, und *Le Rite sacré de l'amour magique* von Maria de Naglowska. Ich habe sie noch immer, nach fünfzig Jahren, und ich frage mich, warum bestimmte Bücher oder bestimmte Gegenstände uns hartnäckig verfolgen, ein Leben lang, ohne unser Wissen, während andere, die uns kostbar waren, verlorengegangen sind.

Im Vorraum wollte ich gerade die Wohnungstür öffnen und hinausgehen, da legte sie die Hand auf meinen Arm.

»Treffen Sie sich jetzt mit Geneviève?«

Es war mir peinlich, ihr zu antworten, so sehr schien sie mich zu beneiden.

»Ich wollte Ihnen nur sagen … Sie können mit ihr zusammen hier wohnen … ich wäre sehr froh, auch Sie aufzunehmen …«

Sechs Jahre später spazierte ich die Rue Geoffroy-Saint-Hilaire entlang, auf der Höhe der Mosquée und der Mauer am Jardin des Plantes. Eine Frau ging vor mir, an der Hand einen kleinen Jungen. Ihr lässiger Gang erinnerte mich an jemanden. Ich konnte nicht anders und schaute sie unverwandt an.

Ich habe meinen Schritt beschleunigt und die Frau mit dem kleinen Jungen eingeholt. Ich drehte mich zu ihr. Geneviève Dalame. Wir hatten uns in diesen sechs Jahren nicht wiedergesehen. Sie hat mich angelächelt, als hätten wir uns erst am Tag zuvor voneinander verabschiedet.

»Wohnen Sie hier im Viertel?«

Ich weiß nicht, warum ich sie siezte. Wahrscheinlich, wegen der Gegenwart dieses kleinen Jungen. Ja, sie wohnte hier ganz in der Nähe. Ich versuchte ein Gespräch anzuknüpfen, doch sie schien es ganz normal zu finden, dass wir schweigend nebeneinander herliefen.

Wir sind in den Jardin des Plantes gegangen und

einem Weg bis zur Ménagerie gefolgt. Der kleine Junge rannte immer ein Stück voraus, machte dann wieder kehrt und kam zu uns zurück. Er stellte sich vor, er müsse unsichtbaren Verfolgern entwischen, und zuweilen versteckte er sich hinter einem Baumstamm. Ich habe sie gefragt, ob das ihr Sohn sei. Ja. Hatte sie geheiratet? Nein. Sie lebte allein mit ihrem Sohn. Im Grunde hatten wir uns nach sechs Jahren in der Straße wiedergetroffen, in der wir uns kennengelernt hatten, aber ich hatte nicht das Gefühl, als wäre die Zeit vergangen. Im Gegenteil, sie war stehengeblieben, und unsere erste Begegnung wiederholte sich mit einer Variation: die Gegenwart dieses Kindes. Es würde noch andere Begegnungen mit ihr geben, in derselben Straße, wie bei den Zeigern einer Uhr, die jeden Tag zu Mittag und um Mitternacht aufs neue zusammenkommen. Übrigens hatte ich an dem Abend, an dem ich ihr zum ersten Mal in der Buchhandlung für okkulte Wissenschaften in der Rue Geoffroy-Saint-Hilaire begegnet war, ein Buch gekauft, dessen Titel mir ins Auge gefallen war: *Die Ewige Wiederkehr des Gleichen.*

Wir waren vor den Käfigen der Ménagerie angelangt, alle leer an jenem Tag, mit Ausnahme des größten, in den man einen Panther gesperrt hatte. Der kleine Junge war stehengeblieben und beobachtete ihn durch die Gitterstäbe. Geneviève Dalame und ich hatten uns auf eine Bank gesetzt, etwas abseits.

»Es liegt am *Dschungelbuch*, dass ich mit ihm zu den Tieren komme. Ich muss ihm jeden Abend daraus vorlesen.«

Das erinnerte mich an die paar Bücherbretter neben dem großen Fenster in der leeren Wohnung meiner Mutter, an den Quais. Ich war sicher, dass zwischen den Romanen von Hans Fallada und dem *Vicomte de Bragelonne* noch die zwei Bände des *Dschungelbuchs* standen, in einer illustrierten Ausgabe. Ich musste nur den Mut aufbringen und noch einmal hingehen, um zu überprüfen, dass ich mich nicht täuschte. Ich zögerte, sie nach ihrem plötzlichen Verschwinden zu fragen. Eines Abends, im Hotel in der Rue Monge, hatte man mir gesagt, sie sei »endgültig« ausgezogen. Am nächsten Tag hatte mir in den Polydor-Studios einer ihrer Kollegen mit schroffer Stimme verkündet, sie habe sich »beurlauben« lassen, ohne näher darauf einzugehen. Bei Madeleine Péraud in der Rue du Val-de-Grâce öffnete auf das Klingeln niemand mehr. Und ich, der seit Kindheitstagen an das Verschwinden von Menschen gewöhnt war, ich muss gestehen, das Verschwinden von Geneviève Dalame hatte mich nicht wirklich erstaunt.

»Du bist also abgehauen, ohne eine Adresse zu hinterlassen?« Sie zuckte mit den Schultern. Aber ich brauchte keine Erklärungen. Der kleine Junge ist zu uns gekommen und verkündete, er werde die Käfigtür aufmachen und mit dem Panther spazierengehen, den er Baghira nannte, wie den Panther aus dem *Dschungelbuch*. Dann stellte er sich wieder vor die Gitterstäbe und wartete, dass Baghira näherkam.

»Hast du etwas von Doktor Péraud gehört?«

In gleichgültigem Ton, als spreche sie von einer entfernten Bekannten, erzählte sie, Doktor Péraud wohne nicht mehr in der Rue du Val-de-Grâce, sondern im fünfzehnten Arrondissement. Diese Personen, bei denen wir uns fragen, was aus ihnen geworden ist, und deren Verschwinden von einem Geheimnis umgeben ist, einem Geheimnis, das unergründlich scheint, na ja, da überrascht es uns doch zu erfahren, dass sie einfach das Arrondissement gewechselt haben.

»Und du arbeitest nicht mehr in den Polydor-Studios?« Doch, sie arbeitete immer noch dort. Aber wie Madeleine Péraud waren sie nicht mehr an derselben Adresse. Vom Boulevard de la Gare waren die Polydor-Studios umgezogen in die Nähe der Place de Clichy.

Ich musste wieder an die Netzpläne neben den Fahrkartenschaltern in der Metro denken. Jeder Station entsprach ein Knopf auf der Tastatur. Und man musste den Knopf drücken, wollte man wissen, wo man in eine andere Linie umsteigen sollte. Die Strecken erschienen auf dem Plan als leuchtende Ketten in verschiedenen Farben. Ich war mir sicher, in Zukunft bräuchte man den Namen einer Person, der man einst über den Weg gelaufen ist, nur auf einem Bildschirm einzugeben, und ein roter Punkt würde den Ort in Paris anzeigen, wo man sie wiederfinden kann.

»Eines Tages«, habe ich zu ihr gesagt, »bin ich deinem Bruder begegnet.« Sie hatte nichts von ihm gehört seit jenem Morgen, als er gekommen war, weil er Geld von ihr wollte. Und wann war ich ihm begegnet? Vor zwei oder drei Jahren. Ich war den Boulevard Saint-Michel hinuntergegangen und vor La Source angekommen, einem großen Café, das zu betreten ich immer gezögert hatte, ohne genau zu wissen warum. Ich habe ihn sofort erkannt, an seinem Blouson aus falschem Leopardenfell. Er saß an einem Tisch hinter der Glasfront, mit einem Burschen in seinem Alter. Er war aufgesprungen und hämmerte mit beiden Fäusten gegen die Scheibe, um meine Aufmerksamkeit auf sich zu lenken. Er wollte schon zu mir hinaus aufs Trottoir laufen, und ich bin ihm zuvorgekommen, indem ich die Tür zum Café aufstieß, so, wie man im Traum einer Gefahr die Stirn bietet, mit der Gewissheit, man könne von einem Augenblick zum andern erwachen. Ich habe mich zu ihnen an den Tisch gesetzt. Das Unbehagen, das ich jedesmal empfand, wenn ich an La Source vorüberging, bekam klare Umrisse: Ich hatte das Gefühl, in diesem Lokal drohe eine Razzia.

Er zog sein schwarzes Notizbuch aus der Jackentasche, und nachdem er hineingeschaut hatte, bedachte er mich mit einem ironischen Lächeln.

»Ich habe versucht, Sie unter Val-d'Or 14-14 zu erreichen, vor ein paar Jahren, doch offenbar waren Sie nicht da.«

Ich saß ihm gegenüber, in der Hoffnung, er würde mir etwas von Geneviève Dalame erzählen und vielleicht von den Gründen ihres Verschwindens.

Er hat mir seinen Freund vorgestellt. Der Namen ist mir in Erinnerung geblieben: Alain Parquenne, denn zehn Jahre später habe ich ihn auf dem Firmenschild eines winzigen Ladens für gebrauchte Fotoapparate gelesen, mit denen er wahrscheinlich Hehlerei betrieb, in der Avenue de Wagram. Ich war versucht gewesen, den Laden zu betreten, um mich diesem Gespenst ins Gedächtnis zurückzurufen.

»Geneviève? Sie haben sie seit drei Jahren nicht gesehen? Ich auch nicht ... Bestimmt ist sie in irgendwelche Tarockkarten oder Kristallkugeln vertieft, wie immer ...«

Sein Blouson aus falschem Leopardenfell wirkte abgeschabter als bei unserer ersten Begegnung. Ich entdeckte einen Riss an einem Bündchen und einen Fleck auf dem Ärmel. Alain Parquenne hatte einen fahlen Teint und das Gesicht eines früh gealterten Kindes – das Gesicht eines ehemaligen Grooms oder Jockeys.

»Er ist Fotograf«, sagte Geneviève Dalames Bruder. »Er macht mir ein ›book‹, damit ich es Agenten zeigen kann ... ich will Filmschauspieler werden ...«

Der andere beobachtete mich und rauchte eine Zigarette, seine schmierig-schwarzen Augen waren mir lästig. Geneviève Dalames Bruder sagte plötzlich zu ihm: »Es wäre an der Zeit, dass du anrufen gehst und ihnen Bescheid sagst.« Da ist Alain Parquenne aufgestanden und nach hinten in den Gastraum gegangen.

»Ich bin sicher, Sie könnten mir helfen …«, sagte Geneviève Dalames Bruder und musterte mich mit einem Blick, bei dem es mir kalt über den Rücken lief, dem gierigen Blick von Menschen, die fähig sind, Leichen zu plündern nach einem Bombardement.

»Sie wollen mir doch helfen?« Seine Gesichtszüge hatten sich verkrampft und verrieten eine gewisse Bitterkeit. Der andre kam zurück an unseren Tisch.

»Na, hast du ihnen Bescheid gesagt?« fragte Geneviève Dalames Bruder. Der andre hat zustimmend genickt und sich an den Tisch gesetzt. Mich befiel Panik, die ich nur mit größter Mühe niederzwingen konnte. Was für Leute hatte er angerufen? Und um ihnen worüber Bescheid zu sagen? Ich hatte das Gefühl, dass ich in einer Falle saß, und gleich würde die Polizei hereinstürmen.

»Ich habe ihn gefragt, ob er uns helfen kann«, sagte er und zeigte dabei auf mich.

»Ja, du musst uns helfen«, sagte der andre mit einem Grinsen. »Wir lassen dich jedenfalls nicht mehr laufen …«

Ich bin aufgestanden. Ich wandte mich zum Ausgang des Cafés. Geneviève Dalames Bruder kam hinterher und verstellte mir den Weg. Der andre bedrängte mich im Rücken, als wollte er mich am Umkehren hindern. Ich habe mir gedacht: Ich muss hier weg, bevor die Polizei hereinstürmt. Und durch einen kräftigen Rempler mit Knie und Schulter habe ich Geneviève Dalames Bruder zur Seite gestoßen. Dann habe ich dem andern eine mit der Faust ins Gesicht verpasst. Endlich war ich an der freien Luft. Ich rannte den Boulevard hinunter. Sie rannten alle beide hinter mir her. Ich schaffte es, sie auf der Höhe des Café de Cluny abzuhängen.

*

»Du hättest mit meinem Bruder nie ein Wort reden dürfen. Für mich existiert er nicht mehr. Er ist zu allem fähig. Er hat schon im Gefängnis gesessen, in Épinal.«

Diese Worte hatte sie ganz leise gesprochen, so, als sollte der kleine Junge nichts hören, doch er stand noch immer vor den Gitterstäben des Käfigs und beobachtete den Panther.

»Wie heißt er?« habe ich gefragt.

»Pierre.«

Das war der richtige Augenblick, um etwas über ihr Leben in den vergangenen sechs Jahren zu erfahren. Heute, am 1. Februar 2017, bedaure ich, dass ich ihr keine klaren Fragen gestellt habe. Aber damals war ich mir sicher, sie würde nicht antworten oder ihre Antworten würden ausweichend sein. »Sie geht neben ihrem Leben her«, hatte Madeleine Péraud einst gesagt. Und sie hatte das Wort »Schlafwandlerin« gebraucht. Es erinnerte mich an ein Ballett, das ich in meiner Kindheit gesehen hatte, und sogar der Name der Tänzerin war mir im Gedächtnis geblieben: Maria Tallchief. Vielleicht ging Geneviève Dalame »neben ihrem Leben her«, aber sie tat es mit leichtem federnden Schritt, wie eine Tänzerin.

»Geht er schon zur Schule?« fragte ich, auf Pierre zeigend.

»In eine Schule auf der anderen Seite vom Jardin des Plantes.«

Es lohnte sich nicht, mit ihr über die Vergangenheit zu sprechen. Hätte ich auf gewisse Details aus der Zeit vor sechs Jahren angespielt: das Café am Boulevard de la Gare, das Hotel in der Rue Monge, die paar Leute, mit denen uns »Doktor Péraud« bekannt gemacht hatte, und die etwas zweifelhaften Situationen, in die sie uns hineingezogen hatte, dann wäre sie sehr überrascht gewesen. Bestimmt hatte sie alles vergessen. Oder sie sah es aus großer Entfernung – aus immer größerer Entfernung, je mehr Jahre aufeinander folgten. Und die Landschaft verschwand allmählich im Nebel. Sie lebte in der Gegenwart.

»Hast du Zeit, uns nach Hause zu begleiten?« fragte sie mich.

Sie nahm Pierre an der Hand, und er drehte sich um, warf noch einen letzten Blick auf die Gitterstäbe des Käfigs, hinter denen Baghira seine ewigen Runden drehte.

*

Wir sind an der Buchhandlung für okkulte Wissenschaften vorbeigekommen, wo wir uns zum ersten Mal begegnet waren. Auf einem Schild stand, dass sie um zehn Uhr aufmachte. Wir haben uns die im Schaufenster ausgestellten Werke angeschaut: *Les Puissances du dedans*, *Les Maîtres et le sentier*, *Les Aventuriers du Mystère* …

»Wir könnten vielleicht heute abend herkommen und uns ein paar Bücher aussuchen«, habe ich Geneviève Dalame vorgeschlagen. Verabredung um sechs, dieselbe Uhrzeit wie vor sechs Jahren. Schließlich hatte ich hier in diesem Laden das Buch gekauft, das mich so sehr zum Nachdenken gebracht hatte: *Die Ewige Wiederkehr des Gleichen.* Seite für Seite sagte ich mir: Wenn man in denselben Stunden, an denselben Orten und unter denselben Umständen noch einmal erleben könnte, was man bereits erlebt hat, es aber viel besser erleben würde als beim ersten Mal, ohne die Fehler, Hindernisse und Leerläufe … das wäre so, wie ein Manuskript voller Streichungen ins Reine schreiben … Wir waren alle drei in einer Zone angekommen, durch die ich oft mit ihr gegangen war, zwischen Monge, Mosquée und Puits-de-l'Ermite.

Sie ist vor einem Haus mit Balkonen stehengeblieben, das wuchtiger war als die anderen. »Hier wohne ich.« Pierre hat selbst das Eingangstor aufgestoßen. Ich bin hinter ihnen eingetreten. Mir schien, als sei ich schon einmal hier gewesen, in einem früheren Leben, um irgendwen zu besuchen. »Heute abend um sechs in der Buchhandlung«, sagte Geneviève Dalame. »Und danach kannst du zum Abendessen mitkommen …«

Sie haben mich im Hauseingang verlassen. Ich stand am Fuß der Treppe. Hin und wieder streckte Pierre den Kopf über die Rampe, als wollte er überprüfen, ob ich noch da sei. Und jedesmal winkte ich ihm zu. Dann stand er still und beobachtete mich, das Kinn auf der Rampe, während Geneviève Dalame wahrscheinlich die Wohnungstür aufschloss. Ich hörte, wie hinter ihnen die Tür zufiel, und spürte einen Stich im Herzen. Doch als ich aus dem Gebäude trat, sah ich keinen wirklichen Grund mehr, traurig zu sein. Für ein paar Monate noch oder, wer weiß?, ein paar Jahre, gab es, trotz der entfliehenden Zeit und dem fortgesetzten Verschwinden von Menschen und Dingen, einen Fixpunkt: Geneviève Dalame. Pierre. Rue de Quatrefages. Nummer 5.

Ich versuche Ordnung in meine Erinnerungen zu bringen. Jede von ihnen ist ein Puzzleteilchen, viele fehlen jedoch, sodass die meisten verstreut daliegen. Manchmal gelingt es mir, zwei oder drei zusammenzufügen, mehr aber nicht. Dann notiere ich Bruchstücke, die mir bunt durcheinander einfallen, Listen mit Namen oder ganz kurzen Sätzen. Ich wünsche mir, dass diese Namen so wie Magnete neue an die Oberfläche heraufziehen und dass diese Satzfetzen schließlich Absätze bilden und Kapitel, die sich aneinanderreihen. Einstweilen verbringe ich meine Tage in einem jener großen Schuppen, die aussehen wie ehemals Autowerkstätten, auf der Suche nach verlorenen Personen und Gegenständen.

Djorie Bruss
Emmanuel Brucken (Fotograf)
Jean Meyer (Jean mit den blauen Augen)
Gaelle und Guy Vincent
Annie Caisley, Rue des Marronniers Nr. 11

Van der Mervenne
Joseph Nasch, Avenue Montaigne Nr. 33
J. de Fleury (Buchhändler), Rue Baste Nr. 2,
19. Arrondissement
Olga Ordinaire, Rue Duranton Nr. 9,
15. Arrondissement
Ariane Pathé, Rue Quentin-Bauchart
Douglas Eyben
Anna Seidner
Marie Molitor
Pierrot 43 …

Während dieser Arbeit, bei der man im Ungewissen tappt, blinken manche Namen zeitweise auf wie Signale, die vielleicht hinführen zu einem verborgenen Weg.

So rief etwa »Madame Hubersen«, die ich auf gut Glück hingeschrieben hatte, versehen mit einem Fragezeichen, eine vage Erinnerung bei mir wach. Ich versuchte »Madame Hubersen« mit anderen Namen zu verknüpfen, die auf meiner Liste standen. Ich hoffte, zwischen ihnen und »Madame Hubersen« würde eine leuchtende Linie erscheinen, ähnlich jener, die – grün, rot oder blau – Stationen und Anschlussverbindungen zeigte, wenn man von Corvisart nach Michel-Ange-Auteuil oder von Jasmin nach Filles-du-Calvaire wollte. Ich war fast am Ende der Liste angekommen und hatte den Eindruck, ich sei ein an

Amnesie Leidender, der sich verzweifelt müht, eine Schicht von Eis und Vergessen zu durchdringen. Und plötzlich hatte ich die Gewissheit, dass der Name »Madame Hubersen« mit dem von Madeleine Péraud zusammenhing. Ja, tatsächlich, sie hatte uns, Geneviève Dalame und mich, mehrmals zu dieser Madame Hubersen mitgenommen, die in einer Wohnung an einer der großen Avenuen der westlichen Stadtviertel lebte – eine Avenue, deren Namen aufzuschreiben ich heute zögere, als könnte ein allzu genaues Detail mir, beinahe fünfzig Jahre später, immer noch schaden und zu etwas führen, was man »weitere Ermittlungen« nennt, einen »Fall« betreffend, in den ich verwickelt gewesen wäre.

Vielleicht hatte ich diese Madame Hubersen bis auf den heutigen Tag aus meinem Gedächtnis löschen wollen, so, wie auch andere Leute, die mir in jener Zeit – sagen wir zwischen siebzehn und zweiundzwanzig – über den Weg gelaufen waren.

Aber nach einem halben Jahrhundert sind die paar Menschen, die Zeugen waren für unsere Anfänge im Leben, endgültig verschwunden – und übrigens frage ich mich, ob die meisten von ihnen eine Verbindung herstellen würden zwischen dem, was aus einem geworden ist, und dem verschwommenen Bild, das sie bewahrt haben von einem jungen Mann, dessen Namen sie nicht einmal sagen könnten.

Meine Erinnerung an Madame Hubersen ist auch

ziemlich verschwommen. Eine Brünette von etwa dreißig Jahren mit regelmäßigen Gesichtszügen und kurzem Haar. Sie führte uns zum Abendessen aus unweit ihrer Wohnung, in einer jener Straßen, die im rechten Winkel auf die Avenue Foch stoßen – auf der linken Seite der Avenue, wenn man mit dem Rücken zum Arc de Triomphe steht. Und nun habe ich auch überhaupt keine Angst mehr, diese topographischen Einzelheiten anzuführen. Ich sage mir, es geht um eine so ferne Vergangenheit, dass sie unter etwas fällt, was man in der Rechtssprache Amnestie nennt. Von ihrer Wohnung zum Restaurant gingen wir zu Fuß, im Winter jenes Jahres, ein Winter, so streng wie in den Jahren davor, und im Vergleich erscheinen mir die heutigen Winter mild, ein Winter, wie ich sie in der Haute-Savoie erlebt hatte, wo man nachts eine klare und eisige Luft atmete, so berauschend wie Äther. Madame Hubersen trug einen Pelzmantel von eher klassischem Schnitt. Bestimmt hatte sie früher eine bürgerlichere Existenz geführt als jetzt, nach dem Durcheinander in ihrer Wohnung zu urteilen. Diese befand sich im obersten Stock eines modernen Gebäudes, zwei oder drei Zimmer, vollgestopft mit Gemälden, Masken aus Afrika und Ozeanien, indischen Stoffen.

Über diese Madame Hubersen weiß ich nicht viel, nur das, was uns Madeleine Péraud am Abend unseres ersten Besuchs bei ihr anvertraut hatte. Sie lebte allein und war die geschiedene Frau eines Amerikaners. Offenbar kannte sie viele Leute im Tanz-Milieu. Sie hatte uns eines Abends mitgeschleppt, ganz weit weg, ans Ufer des Bassin de la Villette, zu einem Mann, von dem sie uns erzählte, er organisiere jedes Jahr am gleichen Tag ein Fest zu Ehren der Tänzerinnen und Tänzer. Dort, in einer winzigen Wohnung, hatte ich zu meiner Verwunderung jene Ballettberühmtheiten versammelt gesehen, die ich damals bewunderte, unter ihnen eine junge Tänzerin von der Pariser Oper, die später Karmelitin geworden ist. Sie lebt heute noch und ist wahrscheinlich die einzige, die mir sagen könnte, wer genau dieser geheimnisvolle Ballettliebhaber war.

In meinen Heften bin ich auf eine Notiz gestoßen, die ich vor mehr als zehn Jahren geschrieben habe, unter dem Datum 1. Mai 2006: »Der Mann mit dem türkischen Namen, der in den sechziger Jahren alljährlich bei sich zu Hause ein Fest gab für die Tänzerinnen und Tänzer (Nurejew, Béjart, Babilée, Yvette Chauviré usw.). Er wohnte an einem der Quais des Bassin de la Villette oder des Canal de l'Ourcq.« Und um mich zu vergewissern, ob diese Erinnerung wirklich stimmte, hatte ich im Telefonbuch nach dem Namen und der Adresse dieses Mannes gesucht, denn mit blauem Kugelschreiber ist vermerkt:

Quai de la Gironde Nr. 11 (19. Arrondissement)
Amram R. Combat 73.14
Mouyal Matathias Combat 82.06 (Telefonbuch von 1964)

Vor der Adresse und den zwei Namen stehen Fragezeichen, im selben Tintenblau.

Ich sollte Madame Hubersen im August 1967 ein letztes Mal sehen.

Doch bevor ich von dieser Begegnung erzähle, möchte ich noch etwas klarstellen: Es ist vorgekommen, dass ich in Paris immer wieder dieselben Menschen auf der Straße getroffen habe, Menschen, die ich nicht kannte. Da sich unsere Wege ständig kreuzten, wurden mir ihre Gesichter vertraut. Sie dagegen, glaube ich, nahmen mich nicht wahr, und nur mir fielen diese zufälligen Begegnungen auf. Denn sonst hätten wir uns gegrüßt oder ein Gespräch angefangen. Am verblüffendsten ist, dass ich oft dieselbe Person in verschiedenen und weit auseinanderliegenden Vierteln traf, als würde das Schicksal – oder der Zufall – darauf dringen, dass wir uns kennenlernen. Und jedesmal empfand ich Gewissensbisse, weil ich sie vorübergehen ließ, ohne sie anzusprechen. Von der Kreuzung zweigten viele Wege ab, und ich hatte einen übersehen, der vielleicht der richtige war. Um mich zu trösten, verzeichnete ich diese Begegnungen ohne Zukunft peinlich genau in meinen Heften, mit exakter Ortsangabe und einer Beschreibung des Aussehens dieser Namenlosen. So ist Paris übersät mit neuralgischen Punkten und den vielfältigen Formen, die unser Leben hätte annehmen können.

Madame Hubersen hatte ich also zum letzten Mal in jenem August getroffen, als ich ein kleines Zimmer in einer Häusergruppe bewohnte – ein Square, direkt am Boulevard Gouvion-Saint-Cyr. In jenem Sommer war es sehr warm und das Viertel ausgestorben. Man brachte nicht einmal mehr den Mut auf, die Metro zu nehmen, auf der Suche nach ein bisschen Lebendigkeit im Zentrum von Paris. Man ließ sich von der Trägheit übermannen. Das einzig offene Restaurant am Boulevard Gouvion-Saint-Cyr trug einen komischen Namen: La Passée. Ich fürchtete, man werde mich in diesem Lokal nicht besonders freundlich empfangen. Ich stellte mir ein paar zwielichtige Gäste vor, versammelt zu einer Runde Poker, aber in jener Nacht habe ich beschlossen einzutreten.

Die Einrichtung in La Passée glich der eines Landgasthofs. Eine Theke am Eingang und dann zwei Räume nacheinander, wobei der hintere sich auf einen kleinen Garten öffnete. Plötzlich wurde das Gefühl der Fremdheit, das ich in diesem Pariser August verspürte, so stark, dass ich kehrtmachen wollte und so schnell wie möglich wieder auf dem Trottoir des

Boulevard Gouvion-Saint-Cyr stehen und die Geräusche der wenigen in Richtung Porte Maillot fahrenden Autos hören. Doch eine Dame geleitete mich in den hinteren Raum und gab mir einen Tisch am Rand des Gartens.

Ich nahm Platz und hatte das Gefühl, mich in einem Traum zu verheddern. Sicher war dieses Gefühl auf die endlos langen Tage zurückzuführen, an denen ich mit niemandem gesprochen hatte. Nie zuvor war mir der Ausdruck »abgeschnitten von der Welt« so treffend erschienen. Kein einziger Gast, nur eine Frau, allein, ganz hinten im Raum. Sie trug einen Pelzmantel, und das erstaunte mich mitten im August. Offenbar hatte sie meine Anwesenheit nicht bemerkt. Ich habe Madame Hubersen erkannt. Sie hatte sich nicht verändert, und ihr Pelzmantel war derselbe wie drei Jahre zuvor.

Nach einem Augenblick des Zögerns bin ich zu ihr hingegangen.

»Madame Hubersen?«

Sie hat zu mir aufgeblickt, schien mich aber nicht zu erkennen.

»Wir haben uns vor drei Jahren ein paarmal gesehen ... mit Madeleine Péraud ...«

Sie starrte mich immer noch an, und ich fragte mich, ob sie mich überhaupt gehört hatte.

»Hm, ja ... natürlich ...«, sagte sie plötzlich, wie nach einer kurzen Geistesabwesenheit. »Mit Madeleine Péraud … Und haben Sie Nachricht von Madeleine Péraud?«

Ich sah genau, dass sie versuchte wieder festen Fuß zu fassen. Ich hatte sie allzu schroff aus einem tiefen Schlaf gerissen.

»Nein, keinerlei Nachricht.«

Sie lächelte verlegen. Suchte nach Worten.

»Erinnern Sie sich?« sagte ich. »Sie hatten uns mitgenommen auf ein Fest … mit all den Tänzern …«

»Ja … ja … natürlich … Ich weiß nicht, ob dieses Fest noch jedes Jahr stattfindet …«

Man hätte meinen können, sie spreche von einem sehr fernen Geschehen, das kaum drei Jahre zurücklag, für sie aber in ein anderes Leben gehörte. Und ich muss sagen, ich hatte genau den gleichen Eindruck, wenn ich zurückdachte an all diese Gäste, die in den zwei Räumen der kleinen Wohnung auf dem Boden saßen, und an den Vollmond in jener Winternacht, über dem Bassin de la Villette oder dem Canal de l'Ourcq.

»Wohnen Sie noch immer an derselben Adresse?«

Vielleicht hatte ich ihr diese Frage gestellt, um eine klare Antwort zu erhalten und nicht länger das Gefühl zu haben, ich säße einem Gespenst gegenüber.

»Noch immer an derselben Adresse …«

Sie lachte kurz auf, und dafür war ich ihr dankbar. Nun wirkte sie nicht mehr wie ein Gespenst.

»Sie stellen komische Fragen … Und selbst, noch immer an derselben Adresse?«

Sie schien mich auf liebenswürdige Art zu verspotten.

»Setzen Sie sich. Wenn Sie etwas bestellen möchten … Ich bin fertig mit dem Essen …«

Ich habe mich ihr gegenüber hingesetzt. Ich hatte die Absicht, mich nach einer Weile unter dem Vorwand zu verabschieden, dass ich noch telefonieren müsste. Aber nachdem ich einmal saß, spürte ich, dass er mir schwerfallen würde, aufzustehen und den Raum in Richtung Ausgang zu durchqueren. Ich verfiel in einen Zustand der Benommenheit.

»Nehmen Sie keine Notiz von diesem Pelzmantel«, sagte sie. »Ich habe ihn heute abend angezogen, weil ich glaubte, die Temperatur würde fallen. Ich habe mich geirrt.«

Aber ich brauchte keine Erklärung. Man muss die Leute nehmen, wie sie sind, Pelzmantel oder nicht. Notfalls die eine oder andere diskrete Frage stellen, behutsam, ohne Misstrauen zu wecken, um sie besser zu verstehen. Und schließlich war ich Madame Hubersen nur drei- oder viermal begegnet, und ich hätte nie gedacht, sie nach drei Jahren wiederzusehen. So kurze Begegnungen, dass sie ganz schnell hätten in Vergessenheit geraten können.

»Und wie haben Sie diesen Ort kennengelernt?« fragte ich sie. »La Passée?«

»Ein Freund hat mich ein paarmal hierhergeführt. Aber jetzt ist er in Urlaub …«

Sie sprach mit fester und heller Stimme, und was sie mir eben gesagt hatte, war vollkommen logisch. Man ist oft allein in Paris, mitten im August, und an ungewissen Orten, dieser Jahreszeit entsprechend, in der man das Gefühl hat, die Zeit stehe still – Orte, die sogleich verschwinden, wenn das Leben wieder seinen Lauf nimmt und die Stadt ihr gewohntes Aussehen zurückgewinnt.

»Essen Sie nichts? Möchten Sie etwas trinken?«

Sie griff nach einer Karaffe auf dem Tisch und schenkte mir in ein großes Glas etwas, das ich für Wasser hielt, dessen Geschmack mich jedoch überraschte, als ich einen Schluck nahm: ein sehr starker Alkohol. Dann bediente sie sich. Sie trank nicht einen Schluck, sondern die Hälfte ihres Glases in einem Zug, mit einem leichten Ruck des Kopfes.

»Trinken Sie nichts?« Sie wirkte enttäuscht und ein wenig betreten, als hätte ich sie zurückgestoßen in ihre Einsamkeit. Darum habe ich mein Glas auch geleert.

»Sehen Sie«, sagte sie, »trotz der Hitze tut es gut, sich aufzuwärmen.«

Ich spürte, dass sie noch etwas hinzufügen wollte, doch sie zögerte und suchte nach Worten.

»Ich würde Ihnen gern etwas anvertrauen …«

Sie hat ihre Hand flach auf die meine gelegt, um sich Mut zu machen.

»Es mag noch so heiß sein, wenn Sie wüssten, wie kalt mir immer ist …«

Sie schenkte mir einen schüchternen und zugleich fragenden Blick, auf eine Antwort oder vielmehr eine Diagnose wartend, die sie hätte beruhigen können.

*

Wir haben La Passée verlassen. Sie stützte sich auf meinen Arm, entlang des Boulevard Gouvion-Saint-Cyr. Es wehte ein sanfter Wind, zum ersten Mal seit vierzehn Tagen.

»Im Grunde hatten Sie recht, Ihren Pelzmantel anzuziehen«, sagte ich.

Vielleicht wollte sie zu Fuß nach Hause gehen. Aber dann hatten wir die falsche Richtung eingeschlagen. Ich machte sie darauf aufmerksam.

»Ich möchte noch ein wenig schlendern, bis zur nächsten Taxistation.«

Um diese späte Stunde und in dieser Jahreszeit war kein Verkehr mehr auf dem Boulevard Gouvion-Saint-Cyr. Es ist merkwürdig, wenn ich das heute schreibe, höre ich den Widerhall unserer Schritte – oder vielmehr ihrer Schritte – auf dem menschenleeren Trottoir. Wir waren auf der Höhe des Squares angelangt, wo ich wohnte. Einen Augenblick lang wollte ich mich von ihr verabschieden und sagen, in meinem Zimmer warte jemand auf mich – ein Dachzimmer, so klein, dass ich mich gleich nach dem Eintreten aufs Bett fallen ließ, um mir nicht am Holzbalken den Kopf zu stoßen. Und bei diesem Gedanken konnte ich nicht anders und lachte laut. Sie stützte sich fester auf meinen Arm.

»Was bringt Sie zum Lachen?«

Ich wusste nicht, was ich antworten sollte. Erwartete sie wirklich eine Antwort? Mit der freien Hand hatte sie den Kragen ihres Pelzmantels hochgeschlagen, als sei der Wind plötzlich abgekühlt.

»Haben Sie immer noch die Masken aus Afrika und Ozeanien in Ihrer Wohnung?« fragte ich, um das Schweigen zu brechen.

Sie blieb stehen und musterte mich mit überraschter Miene.

»Sie haben vielleicht ein Gedächtnis …«

Ja, ein ziemlich gutes … Aber ich habe auch ein gutes Gedächtnis für Einzelheiten in meinem Leben, für Personen, die zu vergessen ich mir alle Mühe gegeben habe. Ich glaubte, es sei mir gelungen, und ohne dass ich darauf gefasst wäre, kommen sie zig Jahre später wieder an die Oberfläche, wie Ertrunkene, hinter einer Straßenecke, zu gewissen Tageszeiten.

Wir waren an der Porte de Champerret. Ein einziges Taxi wartete an der Station, vor der Häusergruppe mit den Backsteinfassaden.

»Können Sie mich begleiten?« fragte Madame Hubersen.

Von neuem hätte ich ihr beinahe gesagt, in meinem Zimmer warte jemand auf mich. Doch plötzlich hatte ich irgendwie Skrupel, sie anzulügen. Schon so viele Lügen, um mir Leute vom Hals zu schaffen, so viele Häuser mit zwei Ausgängen, um sie auf dem Trottoir stehenzulassen, so viele Verabredungen, zu denen ich nicht hinging …

Ich bin mit ihr ins Taxi gestiegen. Ich dachte mir, die Fahrt bis zu ihrer Wohnung wäre sehr kurz und den Rückweg könnte ich zu Fuß machen.

»Nach Versailles, Boulevard de la Reine«, sagte sie dem Chauffeur.

Ich schwieg. Ich wartete, dass sie mir eine Erklärung geben würde.

»Ich habe Angst, nach Hause zu gehen. Alle diese Masken, von denen Sie vorhin gesprochen haben … Die beobachten mich und haben mir gegenüber keine guten Absichten …«

Sie hatte das in einem so ernsten Ton vorgebracht, dass es mir die Sprache verschlug. Erst nach einer Weile konnte ich sagen:

»Ich glaube, Sie täuschen sich. Diese Masken sind nicht so böse, wie Sie denken …«

Aber ich merkte, sie war kein bisschen zum Spaßen aufgelegt. Das Taxi war auf den Boulevard Gouvion-Saint-Cyr eingebogen, aus der entgegengesetzten Richtung waren wir vorhin gekommen. Wir erreichten die Höhe des Squares, an dem ich wohnte.

»Ich muss nach Hause«, sagte ich. »Hier, gleich rechts ...«

»Begleiten Sie mich doch bitte nach Versailles.«

Der Ton duldete keinen Widerspruch, als handle es sich um eine moralische Verpflichtung meinerseits. Das Taxi blieb an einer roten Ampel stehen, vor der großen Feuerwache. Ich war versucht, die Tür aufzureißen und mich mit einer kurzen Höflichkeitsfloskel zu verabschieden. Aber ich habe mir gesagt, dazu würde ich noch genug Zeit haben auf der Fahrt nach Versailles. Ich musste an ein Buch denken, das ich gelesen hatte, *Les Rêves et les moyens de les diriger*, und in dem erklärt wird, man könne Träume jederzeit unterbrechen und sogar ihren Verlauf steuern. Es reichte also, dass ich mich ein wenig konzentrierte, und der Taxifahrer würde uns gleich vor Madame Hubersens Wohnung absetzen und vergessen haben, dass wir bis nach Versailles wollten. Desgleichen Madame Hubersen.

»Sind Sie sicher, dass Sie nicht nach Hause möchten?« habe ich sie leise gefragt.

Sie ist mit ihrem Gesicht näher an meines herangerückt und hat nun ihrerseits leise gesagt:

»Sie können nicht wissen, was es bedeutet, jeden Abend in diese Wohnung zurückzukehren ... und allein zu sein mit diesen Masken ... Und außerdem habe ich seit einiger Zeit Angst, den Fahrstuhl zu nehmen ...«

Ich war noch zu jung, um die Beklemmung zu kennen, die sie verspürte, wenn sie allein nach Hause kam. Mir machte es nichts aus, den Fahrstuhl zu nehmen, dann die kleine Treppe hochzusteigen und den Flur entlangzugehen, bis zu diesem Dachzimmer, in dem ich nicht aufrecht stehen konnte. Und heute, da ich fast vierzig Jahre älter bin als Madame Hubersen damals, sage ich mir, dass es seltsam war, sich in ihrem Alter von solcher Bangigkeit überwältigen zu lassen. Aber vielleicht darf man gewissen Vorstellungen wie »Sorglosigkeit der Jugend« keinen Glauben schenken.

Wir hielten vor einer anderen roten Ampel, ganz in der Nähe des Restaurants La Passée. Auf der Strecke – sagte ich mir – würden noch weitere rote Ampeln mir erlauben, aus dem Wagen zu springen. Es wäre nicht das erste Mal, dass ich einen derartigen Versuch wagte: zweimal war ich aus einem Auto entwischt, das mich am Sonntagabend zurück ins Collège brachte, und später noch einmal, mit etwa zwanzig, als ich spätnachts mit irgendwelchen Leuten in einem Chevrolet hockte, dessen Fahrer betrunken war. Zum Glück saß ich an der Tür.

»Wollen Sie wirklich nicht nach Hause?« habe ich Madame Hubersen noch einmal gefragt.

»Nicht jetzt. Morgen, wenn es Tag ist …«

Wir waren am Rande des Bois de Boulogne angelangt, und Madame Hubersen hatte die Augen geschlossen. Ich habe überprüft, ob die Tür nicht von innen verriegelt war, wie manchmal nachts in den Taxis. Nein. Ich hatte noch etwas Zeit, um mich zu entscheiden.

An der Porte d'Auteuil ist Madame Hubersens Kopf an meine Schulter gesunken. Sie war eingeschlafen. Wenn ich aus dem Wagen stieg, musste ich es sachte tun, auf der Sitzbank wegrutschen, und die Tür durfte ich nicht zuschlagen. Ihr Kopf, so leicht an meiner Schulter, war von ihrer Seite etwas wie ein Zeichen des Vertrauens. Porte de Saint-Cloud. Gleich würden wir die Seine überqueren, in den Tunnel fahren, dann auf die Westautobahn. Und schon gäbe es keine roten Ampeln mehr.

In diesem Abschnitt meines Lebens, und seit dem Alter von elf Jahren, hat das Weglaufen eine große Rolle gespielt. Weglaufen aus Internaten, Flucht aus Paris mit einem Nachtzug an dem Tag, da ich mich in der Kaserne in Reuilly zum Militärdienst melden sollte, Verabredungen, zu denen ich nicht auftauchte, oder Standardsätze, um mich zu verdrücken: »Moment, ich geh nur schnell Zigaretten holen …«, und dieses Versprechen, das ich wohl unzählige Male gegeben habe, ohne es jemals zu halten: »Bin gleich wieder da.«

Heute habe ich deshalb Gewissensbisse. Obwohl ich nicht sehr begabt bin zur Introspektion, möchte ich doch verstehen, warum das Weglaufen gewissermaßen meine Lebensform war. Und das hat ziemlich lange gedauert, bis zweiundzwanzig, würde ich sagen. War das vergleichbar mit jenen Kinderkrankheiten, die so komische Namen tragen: Keuchhusten, Windpocken, Scharlach? Über meinen persönlichen Fall hinaus habe ich immer davon geträumt, eine Abhandlung über das Weglaufen zu verfassen, in der Art jener französischen Moralisten und Memoirenschreiber, deren Stil ich schon als Jugendlicher bewunderte: Kardinal de Retz, La Bruyère, La Rochefoucauld, Vauvenargues ... Aber das einzige, wovon ich berichten kann, das sind ganz konkrete Dinge, bestimmte Orte und Augenblicke. Insbesondere von jenem Nachmittag im Sommer 65, als ich am Tresen eines schmalen Cafés am Anfang des Boulevard Saint-Michel stand, das abstach von den anderen Cafés im Viertel. Es hatte keine studentischen Gäste. Eine tief nach hinten gehende Kneipe wie in Pigalle oder Saint-Lazare. An jenem Nachmittag habe ich begriffen, dass ich mich hatte abdriften lassen, und wenn ich nicht sofort reagierte, würde die Strömung mich fortreißen. Ich war überzeugt, dass mir keine Gefahr drohte und dass ich eine Art Immunität genoss in meiner Eigenschaft als nächtlicher Beobachter – diesen Beinamen hatte sich ein Schriftsteller des 18. Jahrhunderts gegeben, der die Geheimnisse der Pariser Nächte erforschte. Aber nun hatte meine Neugier mich zu weit hineingezogen. Ich hörte »die Kugeln pfeifen«, wie man so schön sagt. Ich musste so schnell wie möglich verschwinden, wenn ich keine Scherereien wollte. Das Weglaufen würde für mich diesmal etwas viel Ernsteres sein als früher. Ich war ganz unten angelangt, und jetzt konnte ich mich nur noch kräftig abstoßen, um wieder hochzukommen an die Oberfläche.

Am Abend zuvor hatte sich ein Vorfall ereignet, auf den ich zwanzig Jahre später, 1985, im Kapitel eines Romans angespielt habe. Das war ein Mittel gewesen, eine Last abzuwerfen, schwarz auf weiß eine Art Halbgeständnis zu schreiben. Doch zwanzig Jahre sind ein kurzer Zeitraum, da waren manche Zeugen noch nicht verschwunden, und ich wusste nicht, nach welcher Frist die Justiz davon Abstand nimmt, Schuldige oder Komplizen zu verfolgen, und über sie endgültig den Schleier der Amnestie und des Vergessens wirft.

*

Diejenige, der ich einige Wochen vorher zum ersten Mal begegnet war und deren Namen hier anzuführen ich zögere – ich misstraue nach fünfzig Jahren noch immer den allzu genauen Details, die ihre Identifizierung erlauben könnten –, hatte mich sehr spät in der Nacht angerufen, in jenem Juni 1965, und mir verkündet, es sei ein »Unfall« geschehen in der Wohnung von Martine Hayward, in der Avenue Rodin Nr. 2, wo wir uns kennengelernt hatten und wo sich sonntagabends die unterschiedlichsten Leute trafen, von dieser Martine Hayward »die Nachtschwärmer« genannt. Sie flehte mich an, sofort zu kommen.

Im Salon der Wohnung lag auf dem Teppich der Leichnam von Ludo F., der zweifelhaftesten Figur dieser Bande von »Nachtschwärmern«. Sie habe ihn

»aus Versehen« getötet, sagte sie mir, beim Hantieren mit einem Revolver, den habe sie »auf einem Regalbrett im Bücherschrank gefunden«. Sie reichte mir die Waffe, die sie zurückgelegt hatte in ihr Wildlederetui. Doch weshalb war sie in jener Nacht allein mit Ludo F. in der Wohnung? Sie würde mir alles erklären, »sobald wir von hier weg wären, an der freien Luft«.

Ohne die automatische Treppenbeleuchtung anzuknipsen, habe ich sie am Arm gefasst und ihr geholfen, die Stufen im Finstern hinunterzugehen, anstatt den Fahrstuhl zu nehmen. Im Erdgeschoss, Licht hinter der Glastür des Concierge. Ich habe sie zum Eingangstor gezogen, und gerade als wir an der Loge vorbeischlichen, trat ein dunkelhaariger Mann heraus, von kleiner Statur und mit Bürstenschnitt. Er beobachtete uns im Halbdunkel, während ich tastend versuchte das Eingangstor zu öffnen. Es war verriegelt. Nach einem Augenblick – und dieser Augenblick schien mir endlos – erspähte ich an der Wand den Knopf, durch den sich das Tor öffnen ließ. Ich hörte das Klicken und öffnete. Ich vollführte alle meine Bewegungen im Zeitlupentempo, um ihnen größtmögliche Präzision zu verleihen, und ich ließ den kleinen Mann mit dem Bürstenschnitt nicht aus den Augen, als hätte ich ihn herausfordern wollen und ihm Gelegenheit geben, sich meine Gesichtszüge einzuprägen. Sie wurde ungeduldig, und ich ließ sie vor mir hinaus, dann, bevor ich ihr folgte, habe ich ein paar Sekunden reglos im Tor gestanden, den Blick auf den Concierge geheftet. Ich wartete, dass er zu mir herkäme, doch er verharrte ebenfalls reglos und beobachtete mich. Die Zeit war stehengeblieben. Sie war mir um etwa zehn Meter voraus, und ich wusste nicht mehr, ob ich sie einholen könnte, so langsam wurde mein Schritt, immer langsamer, verbunden mit dem Gefühl, dass ich schwebte und noch meine kleinste Bewegung zerfaserte.

*

Wir kamen zur Place du Trocadéro. Etwa zwei Uhr morgens. Die Cafés waren zu. Ich fühlte mich immer ruhiger, und ich atmete immer tiefer, ohne jene angespannte Konzentration, wie man sie bei Joga-Übungen kennt. Woher kam eine solche Gelassenheit? Von der Stille und der klaren Luft auf der Place du Trocadéro? Diese Luft schien mir so weich und eisig wie auf den Berghängen der Haute-Savoie. Sicher stand ich unter dem Einfluss des Buches, das ich seit einigen Tagen las, *Les Rêves et les moyens de les diriger* von Hervey de Saint-Denys, und das während dieser ganzen Zeit eines meiner Lieblingsbücher bleiben sollte. Ich hatte den Eindruck, dass sie von meiner Ruhe angesteckt worden war und nun im gleichen Schritt ging wie ich. Sie hat mich gefragt, wo wir eigentlich hinwollten. Es war viel zu spät, um zurück nach Montmartre ins Hôtel Alsina zu fahren oder zu ihr, nach Saint-Maur-des-Fossés. Ich entdeckte das Schild eines Hotels, ganz am Anfang einer der Avenuen, die auf die Place du Trocadéro münden. Doch in einer Jackentasche hatte ich noch den Revolver mit dem Wildlederetui. Ich habe nach einem Gully gesucht, in den ich ihn werfen konnte. Da ich ihn in der Hand behielt, warnte sie mich durch ängstliche Blicke. Ich versuchte sie zu beruhigen. Wir waren allein auf dem Platz. Und wenn uns zufällig jemand aus dem dunklen Fenster eines Hauses beobachtete, war das vollkommen gleichgültig. Er würde uns nichts anhaben können. Es genügte, den Traum in eine andere Richtung umzuleiten, entsprechend den Ratschlägen von Hervey de Saint-Denys, so, wie man ein Steuerrad leicht herumreißt. Und der Wagen würde ohne Zusammenstoß weiterfahren, einer dieser amerikanischen Wagen von damals, die aussahen, als glitten sie über das Wasser, in völliger Stille.

*

Wir sind einmal um den Platz herumgegangen, und schließlich habe ich den Revolver in einen Mülleimer geschmissen, vor dem Musée de la Marine. Dann bogen wir in die Avenue, wo sich das kleine Hotel befand, dessen Schild ich entdeckt hatte. Hôtel Malakoff. Seit damals bin ich hin und wieder dort vorbeigekommen, und eines Abends vor fünf Jahren, als es genauso heiß war wie in jener Nacht im Juni 1965, bin ich vor dem Eingang stehengeblieben, mit dem Gedanken spielend, mir ein Zimmer zu nehmen, vielleicht dasselbe wie ehedem. Das wäre ein guter Vorwand, sagte ich mir, um die Gästebücher durchzublättern und nachzuprüfen, ob mein Name noch darin stand, unter dem Datum 28. Juni 1965. Aber bewahrten sie die alten Bücher auf, die dann und wann von der Sittenpolizei inspiziert wurden, der sogenannten »Brigade des Garnis«? In jener Nacht vor fünfzig Jahren war an der Rezeption wegen der späten Stunde nur der Portier zugegen. Sie blieb abseits stehen, und ich schrieb meinen Familiennamen, meinen Vornamen und das Geburtsdatum ins Gästebuch, obwohl der Portier nichts von uns verlangte, nicht einmal einen Personalausweis. Ich war sicher, Hervey de Saint-Denys, der sich so gut auskannte mit den Träumen und der Möglichkeit, sie zu steuern, hätte meine Sorgfalt gebilligt. Während ich die Buchstaben malte – und gern hätte ich die Auf- und Abstriche feiner gezogen, aber der Kugelschreiber erlaubte es nicht –, verspürte ich eine Ruhe und eine Besänftigung, wie ich sie bisher nie erlebt hatte. Ich habe sogar als Adresse die Avenue Rodin Nr. 2 angegeben, dort lag Ludo F. auf dem Teppich und schlief seinen letzten Schlaf.

*

An den folgenden Tagen war die Beklemmung, die mich in jenem Bar-Tabac am Anfang des Boulevard Saint-Michel überfallen hatte, nicht mehr so schlimm. Vielleicht war sie durch die Nachbarschaft von Justizpalast und Polizeipräfektur ausgelöst worden, die man, ganz nah, auf der anderen Seite der Brücke sah. Ich wusste, dass in manchen Cafés an der Place Saint-Michel Kriminalbeamte verkehrten. Von nun an blieben wir in Montmartre, und dort fühlten wir uns, so scheint mir, in größerer Sicherheit und fragten uns schließlich, ob die Vorkommnisse neulich in der Nacht Wirklichkeit waren.

Ich habe irgendwie Skrupel, von jenen Tagen zu sprechen. Sie sind die denkwürdigsten und letzten Tage eines Teils meiner Jugend. Danach hatte nichts mehr die ganz und gar gleichen Farben. Hat der Tod von Ludo F., eines Mannes, den wir kaum kannten, die Rolle einer Art von Ordnungsruf gespielt? Noch eine ganze Weile nach diesem Ereignis wurde ich häufig durch Schüsse aus dem Schlaf gerissen, und es dauerte immer einen Augenblick, bis mir klar wurde, dass diese Schüsse nicht im wirklichen Leben abgefeuert worden waren, sondern in meinem Traum. Jeden Tag ging ich nach dem Verlassen des Hôtel Alsina in einen kleinen Laden in der Rue Caulaincourt Zeitungen kaufen – *France-Soir*, *L'Aurore*, in denen man vermischte Nachrichten fand –, und ich las alles ohne ihr Wissen, um sie nicht zu beunruhigen. Nichts über Ludo F. Offenbar interessierte er niemanden. Oder den Leuten aus seiner Umgebung war es gelungen, seinen Tod zu verheimlichen. Wahrscheinlich, weil sie nicht in die Sache verstrickt werden wollten. Ein Stück weiter oben in der Rue Caulaincourt, auf der Terrasse des Rêve, schrieb ich an den Rand einer dieser Zeitungen die Namen der Leute, an die ich mich erinnerte, weil ich an ihren sonntäglichen »Abendgesellschaften« teilgenommen hatte, dort, wo ich auch ihr begegnet war.

Und heute, fünfzig Jahre später, kann ich nicht anders und schreibe wieder auf dieses weiße Blatt einige der Namen. Martine und Philippe Hayward, Jean Terrail, Andrée Karvé, Guy Lavigne, Roger Favart und seine Frau mit den Sommersprossen und den grauen Augen … andere noch …

Keiner von ihnen hat sich in den vergangenen fünfzig Jahren bei mir gemeldet. Ich war damals wohl unsichtbar für sie. Oder vielleicht steht unser Leben einfach in der Gewalt des einen oder anderen Schweigens.

Juni. Juli 1965. Die Tage vergingen in jenem Sommer auf dem Montmartre, glichen einander mit ihren sonnigen Vormittagen und Nachmittagen. Man musste sich nur in ihre sanfte Strömung gleiten lassen und toter Mann machen. Irgendwann würden wir diesen Toten vergessen, von dem sie selbst nicht viel zu wissen schien, außer dass sie ihn kennengelernt hatte, als sie in der Parfümerie in der Rue de Ponthieu arbeitete. Er war eingetreten, um mit ihr zu reden, und sie hatte ihn zufällig im Café neben der Parfümerie wiedergetroffen, wo sie meistens zu Mittag ein Sandwich aß. Er hatte sie mehrmals mitgenommen zu diesen sonntäglichen Abendgesellschaften, die Martine Hayward in der Avenue Rodin organisierte, da, wo wir uns kennengelernt hatten. Ja, das war alles. Und was neulich in der Nacht dort geschehen war, das war ein »Unfall«. Und mehr wollte sie mir nicht erzählen.

*

Wenn ich an jenen Sommer denke, habe ich den Eindruck, dass er sich von meinem übrigen Leben losgelöst hat. Eine Klammer oder vielmehr Auslassungspunkte.

Einige Jahre später habe ich auf dem Montmartre gewohnt, in der Rue de l'Orient Nr. 9, mit der Frau, die ich liebte. Der Stadtteil war nicht mehr derselbe. Ich auch nicht. Wir hatten beide unsere Unschuld wiedergewonnen. Eines Nachmittags bin ich vor dem Hôtel Alsina stehengeblieben, das jetzt in Appartements unterteilt war. Der Montmartre des Sommers 1965, so, wie ich ihn in meiner Erinnerung zu sehen glaubte, erschien mir plötzlich als eingebildeter Montmartre. Und ich hatte nichts mehr zu befürchten.

Wir überschritten nur selten die Grenze nach Süden, die gezogen war durch den breiten Damm des Boulevard de Clichy. Wir beschränkten uns auf den ziemlich kleinen Sektor, wo die Rue Caulaincourt hochführt. In jenem Monat Juli waren wir allein auf der Terrasse des Rêve, und auch am Nachmittag, ein Stück weiter oben, allein im Halbdunkel des San Cristobal, auf halber Höhe der Treppen Lamarck-Caulaincourt. Unsere Bewegungen waren immer die gleichen, an den gleichen Orten, zur gleichen Stunde und unter der gleichen Sonne. Ich erinnere mich an die ausgestorbenen Straßen während der Hundstage. Und doch lag eine Bedrohung in der Luft. Die Leiche auf dem Teppich, in der Wohnung, die wir verlassen hatten, ohne das Licht auszuknipsen … Die Fenster würden mitten am Tag erleuchtet bleiben, wie ein Alarmsignal. Ich versuchte zu begreifen, warum ich in Gegenwart des Concierge so lange reglos stehengeblieben war. Und was für ein seltsamer Einfall, dass ich auf den Meldezettel des Hôtel Malakoff meinen

Namen und meinen Vornamen geschrieben hatte, und die Adresse der Wohnung, Avenue Rodin Nr. 2 … Man würde feststellen, dass in derselben Nacht an dieser Adresse ein »Mord« geschehen war. Als ich den Meldezettel ausfüllte, welcher plötzliche Schwindel hatte mich da erfasst? Es sei denn, das Buch von Hervey de Saint-Denys, das ich gerade las, als sie mich anrief und flehte, ich möge sofort kommen, hatte mir die Sinne verwirrt: Ich war sicher, ich durchlebte einen bösen Traum. Mir drohte keine Gefahr, ich konnte diesen Traum »lenken«, wie ich wollte, und falls ich es wollte, jederzeit aufwachen.

An einem frühen Nachmittag folgten wir der ansteigenden Rue Caulaincourt, die ausgestorben dalag unter der Sonne, und wir hatten das Gefühl, wir seien die einzigen Bewohner von Montmartre. Um mich zu beruhigen, habe ich zu ihr gesagt, wir wären in einem kleinen Mittelmeerhafen, um die Stunde der Siesta. Niemand im San Cristobal. Wir haben uns an einen Tisch neben den getönten Scheiben gesetzt, die den Raum ins Halbdunkel tauchten. Es war kühl wie tief in einem Aquarium. »Das ist ein böser Traum. Nichts als ein böser Traum …« Ich merkte kaum, dass ich es laut sagte. Der Leichnam von Ludo F. auf dem Teppich und das Licht, das wir in der Wohnung nicht ausgeknipst hatten … Sie hat ihre Hand auf meine gelegt. »Denk nicht mehr dran«, sagte sie leise. Bis dahin hatte ich den Eindruck, sie selbst wolle vermeiden, daran zu denken, und in den ersten Tagen wagte ich nicht, ihr zu gestehen, dass ich jeden Morgen die Zeitungen las und fürchtete, eine Meldung zu finden mit dem Namen Ludo F. Doch sie plagte die gleiche Unruhe. Wir mussten es einander nicht sagen, es genügte ein Blick. Am Abend zum Beispiel, wenn wir in die Avenue Junot zurückkehrten, ins Hôtel Alsina, kurz bevor wir den Fahrstuhl nahmen. Es war ein Fahrstuhl aus hellem Holz mit zwei Glasflügeln, wie es sie damals noch gab. Er bewegte sich so langsam, dass er zwischen zwei Etagen steckenzubleiben drohte. Ich fürchtete, ein Polizist könnte vor der Zimmertür auf uns warten, während ein anderer sich unten postierte, an der Rezeption. Es waren dieselben, die in den Cafés an der Place Saint-Michel verkehrten. Ich hatte sie durch aufgeschnappte Gesprächsfetzen identifizieren können. Und mich kamen sie holen, denn sie kannten meinen Namen. Sie hatte nichts zu befürchten. Ich hätte ihr das gerne gesagt, da, im Fahrstuhl, doch wir waren auf unserer Etage angelangt. Niemand vor der Tür. Auch nicht im Zimmer. Verschoben auf ein anderes Mal. Es war mir gerade noch mit knapper Not gelungen, den Traum umzuleiten in eine andere Richtung, entsprechend den Ratschlägen von Hervey de Saint-Denys.

Abends gingen wir in zwei Restaurants: eins an der Ecke Rue Constance/Rue Joseph-de-Maistre, das andere ganz am Ende der Rue Caulaincourt, am Fuß einer Treppe. Viele Menschen in jedem dieser Restaurants, und das bildete einen Gegensatz zu den tagsüber wie ausgestorbenen Straßen. Wir fielen nicht auf unter all den Leuten, und das Stimmengewirr ihrer Unterhaltungen schützte uns. Bis um Mitternacht kamen Gäste, und man stellte Tische hinaus aufs Trottoir. Wir blieben dort so lange wie möglich, unter all den Dinierenden, die wie Urlauber wirkten. Im Grunde waren auch wir in Ferien. Gegen eins in der Früh, wenn es Zeit war, zurück ins Hôtel Alsina zu gehen, trafen sich unsere Blicke. Wir würden die ausgestorbene Avenue Junot hochlaufen müssen, durch den Hoteleingang treten, ohne zu wissen, wer an der Rezeption stand. Um diese Uhrzeit vermieden wir es, den Fahrstuhl zu nehmen. In den ersten Augenblicken fühlten wir uns nicht sehr sicher in der Stille des Zimmers. Ich stand hinter der Tür und horchte auf das Geräusch von Schritten im Flur. Eigentlich fühlten wir uns am wohlsten, wenn viele Menschen um uns waren, abends, in den beiden Restaurants, ja, wie zwei Urlauber unter den anderen, die den ganzen Tag am Strand von Pamplona verbracht hatten. Wir konnten sogar über das heikle Thema reden, das uns beschäftigte. Unsere Stimmen verloren sich im Geräusch der anderen Stimmen, und wir stellten es so an, dass wir allzu genaue Worte mieden und in Andeutungen sprachen, damit unsere Tischnachbarn nicht viel verstanden von dem, was wir sagten, sollten sie zufällig einmal indiskret die Ohren spitzen. Wir übersprangen manche Worte, setzten Auslassungspunkte. Gern hätte ich von ihr zusätzliche Auskünfte über Ludo F. bekommen, denn ich war überzeugt, dass sie mehr von ihm wusste, als sie sagen wollte. Ihre erste Begegnung in der Parfümerie in der Rue de Ponthieu entsprach offenbar nicht ganz der Wahrheit. Es fehlten, da war ich mir sicher, gewisse Details. Doch ich spürte, dass sie mir nur zögernd antwortete. Was mir tatsächlich Sorgen bereitete, war, dass jemand eine Verbindung herstellen könnte zwischen ihr und dem, den wir immer nur »den Toten« nannten. Gab es einen greifbaren Beweis dafür, dass sie mit »dem Toten« Umgang gehabt hatte? Einen Brief? Ihren Namen und ihre Adresse, die er vielleicht in einen Taschenkalender geschrieben hatte? Welche Aussagen würden die anderen machen, wenn man sie zu ihr und ihren Beziehungen mit »dem Toten« vernahm? Bei jeder meiner Fragen zuckte sie bloß mit den Schultern. Sie schien die Leute, die bei den sonntäglichen Abendgesellschaften in der Avenue Rodin Nr. 2, bei Martine Hayward, zugegen waren, nicht besonders gut zu kennen. Wenn ich ihr Namen aufzählte – Andrée Karvé, Guy Lavigne, Roger Favart und seine Frau, Vincent Berlen, Marion Le Phat-Vinh, diese paar Namen, die ich an den Rand einer Zeitung gekritzelt hatte und die ich ein letztes Mal aus dem Nichts hervorhole –, schüttelte sie jedesmal verneinend den Kopf. Außerdem, sagte sie mir, wüssten alle diese Leute nichts von ihr und könnten auch keinerlei Aussage über sie machen. Sie hat sich zu mir herübergebeugt, als wollte sie leise noch etwas hinzufügen, aber das war eine unnötige Vorsichtsmaßnahme: Unsere Nachbarn redeten sehr laut, und genau in diesem Augenblick vermischte sich die Stimme des Gitarristen, der jeden Abend um dieselben Zeit vor dem Restaurant in der Rue Caulaincourt ein neapolitanisches Lied von Roberto Murolo, *Anema e core*, zum besten gab, mit dem Stimmengewirr der Unterhaltungen. Sie flüsterte: »Du hättest im Hotel deinen Namen nicht auf den Meldezettel schreiben dürfen.«

Ich versuche mich zu erinnern, in welcher Geistesverfassung ich zu dem Zeitpunkt war. Am nächsten Tag, als ich allein in dem Café am Boulevard

Saint-Michel stand, überfiel mich Panik, aber es hatte nicht lange gedauert. Nachdem ich ganz unten angelangt war, kam ich langsam wieder an die Oberfläche. Ich sagte mir: Jetzt beginnt für mich ein anderes Leben. Und das bisher gelebte erschien mir wie ein verworrener Traum, aus dem ich soeben erwacht war. Plötzlich verstand ich den Sinn des Ausdrucks: »Die Zukunft liegt vor dir.« Ja, ich gewann schließlich die Überzeugung, dass ich, von der Zukunft aus betrachtet, nichts mehr zu fürchten hatte und dass ich fortan durch eine Impfung immunisiert war oder geschützt durch einen Diplomatenpass.

»Mir droht keine Gefahr mehr«, habe ich zu ihr gesagt. »Nicht die geringste.« Und mein Ton muss so scharf gewesen sein, dass unser nächster Tischnachbar, ein Blonder um die Vierzig, der einer der Polizisten hätte sein können, die mir in den Cafés an der Place Saint-Michel aufgefallen waren, mich eindringlich musterte. Ich habe seinem Blick standgehalten und ihn angelächelt.

Eines Nachmittags wollte sie bei sich zu Hause in Saint-Maur »Sachen« abholen. Das war der einzige Tag in jenem Sommer, an dem wir Montmartre verlassen haben. Wir warteten auf dem Bahnsteig der Gare de la Bastille auf den Zug.

»Was meinst du, ist es nicht viel zu riskant, da hinzufahren?« hat sie mich gefragt. »Vielleicht haben sie meine Adresse rausbekommen.«

In diesem Augenblick hatte ich keine wie auch immer geartete Angst.

»Sie haben dich nicht identifiziert. Die Adresse einer Unbekannten können sie unmöglich haben.«

Sie nickte, als erschiene ihr das, was ich eben gesagt hatte, als etwas ganz Offensichtliches. Sie wiederholte zwei- oder dreimal für sich selbst »eine Unbekannte«, wahrscheinlich, um sich fest davon zu überzeugen, dass ihr keine Gefahr drohte und sie bis zum Schluss eine Unbekannte bleiben würde.

Im Abteil waren wir allein. Ein Wochentag, eine verkehrsschwache Zeit am Nachmittag, mitten im

Sommer. In der Nacht, als wir uns in der Wohnung von Martine Hayward kennengelernt hatten, waren wir morgens gegen zwei hinuntergelaufen bis zur Place de l'Alma. Sie hatte ein Taxi genommen, um heimzufahren nach Saint-Maur, und sie hatte mich für den nächsten Tag dorthin eingeladen, ihre Adresse auf ein Stück Papier geschrieben: Avenue du Nord Nr. 35. Und am nächsten Tag hatte ich im selben Zug gesessen, um dieselbe Zeit am Nachmittag, auf derselben Strecke wie jetzt: Bastille. Saint-Mandé. Bois de Vincennes. Nogent-sur-Marne. Saint-Maur.

*

Wir sind die Avenue du Nord entlanggegangen, Bäume säumten sie, und ihre Blätter bildeten ein Gewölbe. Sie war an jenem Nachmittag so ausgestorben wie die Straßen von Montmartre. Sonnenflecken und der Schatten von Ästen auf Trottoir und Fahrdamm. Als ich zum ersten Mal hierher gekommen war, vierzehn Tage zuvor, erwartete sie mich vor dem Haus. Wir waren spazierengegangen, bis La Varenne-Saint-Hilaire und zur Terrasse eines Hotels am Ufer der Marne, das Le Petit Ritz hieß.

Dieses Mal zögerte sie einen Augenblick, bevor sie das Tor öffnete, und warf auf mich einen ängstlichen Blick. Sie spürte wohl dasselbe flüchtige Grauen, wie es uns nachts in Montmartre befiel, wenn wir ins Hôtel Alsina zurückkehrten. Ein verwilderter Rasen.

Das Gras hatte den Weg überwuchert, der hinabführte bis zur Schwelle des Hauses. Der Rasen bildete so etwas wie eine Talmulde, und das Haus stand weiter unten, auf halber Höhe, sodass man das Erdgeschoss nicht gleich sah. Dieses Haus hatte eine prekäre Lage, und es schien von einem Erdrutsch gefährdet zu sein. Es wirkte wie eine Villa und zugleich wie ein Vorthäuschen.

Sie bat mich, im Erdgeschoss zu warten, während sie ihre Sachen zusammensuchte. Ein großer Raum. Das einzige Möbelstück war ein Kanapee. Die Fenster gingen an der einen Seite auf den rasenbewachsenen Abhang, der die Aussicht versperrte, und an der anderen auf eine Art Brachland am Fuß dieses Abhangs. Man hatte wirklich das Gefühl, das Haus halte sich in einem wackligen Gleichgewicht und könnte von einem Augenblick zum andern kippen. Und dann herrschte so tiefe Stille, dass ich nach einer Viertelstunde befürchtete, sie habe sich aus dem Staub gemacht, wie ich es oft getan hatte mit den Worten: »Moment, bin gleich wieder da«, wenn ich vor ein Haus mit zwei Ausgängen kam, das an der Place Saint-Michel, wo man über die Rue de l'Hirondelle entwischen konnte, und die Nummer 1 in der Rue Lord-Byron, die einen durch ein Labyrinth von Gängen und Fahrstühlen zur Avenue des Champs-Élysées führte.

Sie kam in dem Augenblick wieder, da ich sicher

war, sie habe sich fortgestohlen, und schon hinaufgehen wollte in den ersten Stock, um nachzuschauen. Sie trug einen schwarzen Lederkoffer. Sie hat sich neben mich auf das Kanapee gesetzt. Und plötzlich habe ich gespürt, dass uns derselbe Gedanke durch den Kopf ging: der Leichnam von Ludo F. in der Wohnung in der Avenue Rodin.

*

Ich hatte ihren Koffer genommen, der ziemlich schwer war, und wieder gingen wir die Avenue du Nord entlang. Sie war erleichtert, dieses Haus verlassen zu haben. Ich ebenfalls. Es gibt Orte, denen man nicht auf den ersten Blick misstraut, wegen ihres banalen Aussehens, die aber nach ganz kurzer Zeit schädliche Wellen verbreiten. Und ich war immer empfänglich gewesen für das, was man den »Geist eines Ortes« nennt. Und zwar so sehr, dass ich solche Orte schnellstens verließ, wenn in mir der leiseste Zweifel aufkam, wie an jenem Winternachmittag im Café La Source, als ich mich in Gesellschaft von Geneviève Dalames Bruder und seinem Freund mit dem Gesicht eines alten Grooms befand. Übrigens bin ich der Frage auf den Grund gegangen und habe in meinen Heften eine Liste aller Orte und genauen Adressen angelegt, wo ich mich nie wieder aufhalten wollte. Es handelt sich um eine besondere Gabe, einen sechsten Sinn, den zum Beispiel Trüffelhunde besitzen und der auch an so etwas wie Minensuchgeräte denken lässt. Im Verlauf der folgenden Jahre habe ich festgestellt, dass ich mich bei den meisten dieser Orte und Adressen nicht geirrt hatte. Die Gründe, warum dort schädliche Wellen umhertrieben, erfuhr ich durch zufällige Berichte, übereinstimmende Aussagen, vermischte Nachrichten von einst, oft zwanzig oder dreißig Jahre später, und manchmal genügten auch nur ein paar Worte aus einem Gespräch, das ich in einem Café mitgehört hatte.

*

Ab und zu blieb ich in der Avenue du Nord stehen und setzte ihren Koffer aufs Trottoir. Er war wirklich sehr schwer, dieser Koffer. Zuletzt fragte ich sie, ob sie vielleicht den Leichnam von Ludo F. hineingetan hätte. Sie verzog keine Miene, schien den Scherz aber nicht zu goutieren. Ein Scherz? Manchmal in meinen Träumen und selbst jetzt in dem Augenblick, da ich schreibe, spüre ich in der rechten Hand das Gewicht dieses Koffers, einer alten vernarbten Wunde gleich, die im Winter oder an Regentagen einen stechenden Schmerz verursacht. Ein altes Schuldgefühl? Es hat mich verfolgt, ohne dass ich den Grund dafür nennen könnte. Eines Tages hatte ich die Ahnung, dieser Grund liege vor meiner Geburt und das Schuldgefühl habe sich entlang einer Bickford-Zündschnur weitergefressen. Meine Ahnung war so flüchtig, ein Streichholz, dessen winzige Flamme ein paar Sekunden aufleuchtet in der Dunkelheit, bevor sie erlischt …

Der Weg war noch weit bis zum Bahnhof La Varenne, wo ich aus Paris kommend am Tag unserer ersten Verabredung eingetroffen war. Ich habe ihr vorgeschlagen, den Rest des Tages und die Nacht im Petit Ritz zu verbringen, was wir auch zwei Wochen zuvor getan hatten. Aber sie hat mich daran erinnert, dass ich im Petit Ritz den Meldezettel ausgefüllt und meinen Namen angegeben hatte, wie neulich im Hôtel Malakoff. Und außerdem kannten die Besitzer des Petit Ritz sie vom Sehen. Besser, die würden uns vergessen.

Ich frage mich, ob die ferne und diffuse Erinnerung an einen in Saint-Maur verbrachten Sommernachmittag mich nicht dazu gebracht hat, sechsundvierzig Jahre später unter dem Datum 26. Dezember 2011 diese paar Zeilen in ein Heft zu schreiben:

»Traum: Ich sitze vor einem Polizeikommissar, der mir eine Vorladung auf vergilbtem Papier reicht. Der erste Satz erwähnt ein Verbrechen, zu dem ich als Zeuge aussagen soll. Ich will diese Seiten nicht lesen. Ich verliere sie. Später erfahre ich, dass es um ein Mädchen aus Saint-Maur-des-Fossés geht, das einen etwas älteren Mann getötet hat, in Marly-le-Roi (?). Ich weiß nicht, aus welchem Grund ich Zeuge bin.

Das entspricht einem wiederkehrenden Traum: Einige Leute sind schon verhaftet worden, und mich hat man nicht identifiziert. Und ich lebe in ständiger Gefahr, ebenfalls verhaftet zu werden, wenn herauskommt, dass ich Verbindungen habe zu den ›Schuldigen‹. Doch schuldig woran?«

Im vergangenen Jahr stieß ich in einem großen Umschlag, zwischen abgelaufenen Reisepässen aus dunkelblauer Pappe und Zeugnissen eines Kinderheims und eines Collège in der Haute-Savoie, wo ich Internatszögling gewesen war, auf getippte Blätter.

Zunächst habe ich gezögert, diese paar, von einer rostigen Büroklammer zusammengehaltenen Seiten Durchschlagpapier noch einmal zu lesen. Ich wollte mich ihrer auf der Stelle entledigen, aber das erschien mir so unmöglich wie bei radioaktiven Abfällen, bei denen es keinen Sinn hat, sie hundert Meter unter der Erde zu vergraben.

Das einzige Mittel, dieses schmale Dossier endgültig zu entschärfen, besteht darin, einzelne Passagen abzuschreiben und sie dann unter die Seiten eines Romans zu mischen, wie ich es vor dreißig Jahren getan habe. Auf diese Weise wird man nie erfahren, ob sie in die Wirklichkeit gehören oder in den Bereich des Traums. Heute, am 10. März 2017, habe ich die blassgrüne Mappe wieder aufgeschlagen, die Büroklammer abgenommen, die einen Rostfleck auf dem ersten Blatt hinterlassen hat, und bevor ich das alles zerreiße und keine materielle Spur übrigbleibt, schreibe ich einige Sätze ab, und dann ist Schluss.

Auf dem ersten Blatt: 29. Juni 1965.
Kriminalpolizei. Sitte.
Aktenzeichen 29: Lage der Patronenhülsen.
Die drei Hülsen, die zu den drei abgefeuerten Kugeln gehören, wurden gefunden …
Zu den möglichen Hypothesen über die Art und Weise, wie sich der Mord an Monsieur Ludovic F. abgespielt hat …

Auf dem zweiten Blatt: 5. Juli 1965.
Kriminalpolizei. Sitte.
Der vermeintliche Ludovic F. benutzte diesen Decknamen seit etwa zwanzig Jahren. In Wirklichkeit soll es sich um einen gewissen Aksel B., genannt Bowels, handeln. Geboren am 20. Februar 1916 in Frederiksberg (Dänemark). Ohne Beruf. Auf der Flucht seit April 1949, wohnhaft in Paris (16. Arrondissement). Letzter bekannter Wohnsitz: Rue des Belles-Feuilles Nr. 48.

Auf dem vierten Blatt: 5. Juli 1965.
Notiz
Kriminalpolizei.

Sitte.
Jean D.
geboren am 25. Juli 1945 in Boulogne-Billancourt (Seine)
... Zwei Hotelmeldezettel auf den Namen Jean D. wurden gefunden, von Selbigem ausgefüllt im vergangenen Juni:
Am 7. Juni 1965: Hotel-Restaurant Le Petit Ritz, Avenue du 11-Novembre Nr. 68 in La Varenne-Saint-Hilaire (Seine-et-Marne).
Am 28. Juni 1965: Hôtel Malakoff, Avenue Raymond-Poincaré Nr. 3, Paris, 16. Arrondissement, wo er als Wohnsitz die Avenue Rodin Nr. 2 (16. Arrondissement) angegeben hat.
Im Petit Ritz wie auch im Hôtel Malakoff war er in Begleitung eines etwa zwanzigjährigen Mädchens, mittelgroß, brünett, helle Augen, dessen Personenbeschreibung übereinstimmt mit der Aussage von Monsieur R., Concierge in der Avenue Rodin Nr. 2, Paris, 16. Arrondissement.
Bis dato konnte dieses Mädchen nicht identifiziert werden.

Obwohl sie nie identifiziert wurde, habe ich ihre Spur zwanzig Jahre später wiedergefunden. Ihr Name stand im Pariser Adressbuch jenes Jahres, ein Name und ein Vorname, die nur zu ihr gehören konnten. Boulevard Sérurier Nr. 76, 19. Arrondissement. 208.76.68.

Es war im August. Niemand ging ans Telefon. Etliche Male habe ich mich gegen Ende des Nachmittags vor das Backsteingebäude gestellt, hinter dem sich der Square de la Butte-du-Chapeau-Rouge erstreckt. Ich kannte dieses Viertel nicht. Andere Menschen machen uns mit einer Stadt in ihren geheimsten und entlegensten Zonen bekannt, indem sie sich mit uns an dieser oder jener Adresse verabreden. Wenn sie verschwunden sind, locken sie uns auf ihre Spuren. Gegen Ende des Nachmittags, unten am Fuß der ansteigenden Rue Sérurier, hatte ich ein Gefühl, als sei die Zeit stehengeblieben. Die Sonne und die Stille, das Blau des Himmels, das Ockerrot des Hauses, das Grün der Bäume im Park ... das alles bildete in meiner Erinnerung einen Kontrast zum Bassin de la Villette oder dem Canal de l'Ourcq, ein Stück weiter oben im selben Arrondissement, die ich dank Madame Hubersen in einer Dezembernacht entdeckt hatte.

Nichts hatte sich für mich verändert. In jenem Sommer wartete ich vor der Tür eines Hauses, wie ich auf dem Trottoir, im Winter vor fünfundzwanzig Jahren, auf Stioppas Tochter gewartet hatte. Hätte man mich gefragt: »Und wozu das alles?«, ich glaube, ich hätte einfach geantwortet: »Weil ich versuchen will, die Geheimnisse von Paris zu lüften.«

An einem Nachmittag in jenem späten August habe ich ihre Gestalt von weitem erkannt, ganz oben am Boulevard Sérurier. Das hat mich nicht überrascht. Man braucht nur ein bisschen Geduld. Ich erinnerte mich an meine Lieblingsbücher in der Zeit, als wir uns kennengelernt hatten: *Die Ewigkeit durch die Gestirne* und *Die Ewige Wiederkehr des Gleichen* ... Sie kam die abfallende Straße herunter, einen Koffer in der Hand, aber es war nicht mehr der aus schwarzem Leder, den ich bis zum Bahnhof La Varenne getragen hatte. Ein Metallkoffer. Er fing die Sonnenstrahlen ein. Ich bin den Boulevard Sérurier hochgegangen, um sie auf halbem Weg zu treffen.

Ich habe ihr den Koffer abgenommen. Wir mussten gar nicht miteinander sprechen. Wir waren zu Fuß aus Saint-Maur, Avenue du Nord Nr. 35, losgegangen und hatten zwanzig Jahre gebraucht, um am Boulevard Sérurier Nr. 76 anzukommen. Der Koffer kam mir viel leichter vor als der andere. So leicht, dass ich mich fragte, ob er nicht leer war. Während die Jahre vergehen, wirft man wahrscheinlich nach und nach all den Ballast ab, den man hinter sich herschleppte, und auch all die Schuldgefühle.

Mir ist aufgefallen, dass sie quer über der Stirn eine Narbe hatte. Ein Autounfall, sagte sie. Einer von diesen Unfällen, bei denen man das Gedächtnis verliert. Und doch hatte sie mich erkannt. An die Ereignisse vom Sommer 1965 schien sie sich aber nicht zu erinnern.

Sie kam gerade aus Südfrankreich zurück und schlug mir nun vor, sie nach Hause zu begleiten. Wir hätten mitten auf dem Boulevard gehen können, an jenem Nachmittag, denn er war ausgestorben wie einst die Straßen auf dem Montmartre, zur gleichen Stunde und in der gleichen Jahreszeit. Und für mich verschmolzen die beiden Sommer.

Zwischen den Seiten eines Romans habe ich das Blatt aus einem Taschenkalender gefunden, mit dem Datum Mittwoch, 20. April, und der Angabe »Sainte-Odette«, jedoch ohne Jahreszahl. Der Roman trägt den Titel *Tempo di Roma*, und mir scheint, ich habe ihn Ende der sechziger Jahre gelesen. Damals hatte ich dieses Blatt wohl als Lesezeichen benutzt. Oder ich hatte dieses Buch auf den Quais antiquarisch gekauft, und das Blatt lag bereits darin. Auf ihm steht eine Wegbeschreibung, notiert mit blauer Tinte, in sogenanntem »Floridablau«:

Südautobahn oder Nationalstraße 7
Oder Gare de Lyon
Nemours. Moret
Ausfahrt Nemours
Nemours rechter Hand liegenlassen
Landstraße in Richtung Sens, 10 km folgen
Rechts abbiegen
Remauville

Letztes Haus im Dorf, rechts, gegenüber der Kirche
Grünes Tor
525.66.31
432.56.01

Auf den zwei Nummern hob niemand mehr ab. Immer wenn ich sie wählte, hörte ich sehr ferne Stimmen, die Hilferufe ausschickten oder ein Gespräch führten, von dem ich nicht das kleinste Wort verstand. Ich glaube, diese Stimmen gehörten zu einem geheimnisvollen »Netz« von Personen, die früher einmal die Leere stillgelegter Telefonleitungen nutzten, um miteinander zu verkehren.

Die unregelmäßige Schrift in blauer Tinte hätte meine sein können, aber dann hätte ich diese Wegbeschreibung in aller Eile notiert, nach den hastigen Angaben von jemandem, der kaum genug Zeit gehabt hätte, sie mir zu diktieren oder der es mit leiser Stimme getan hätte, um die Aufmerksamkeit nicht auf uns zu lenken.

Ich wollte mir schon seit einigen Monaten Klarheit verschaffen, aber ich schob den Plan, mich an Ort und Stelle zu begeben, immer wieder hinaus. Und bestimmt hatten sich diese Orte verändert oder waren verschwunden oder unerreichbar, sofern man nicht alte Generalstabskarten benutzte.

Heute, das ist beschlossene Sache, werde ich dieser Wegbeschreibung bis ans Ende folgen. Während der letzten Monate habe ich mich immer wieder gefragt, ob ich das in der Vergangenheit nicht vielleicht schon getan hätte, denn der Name »Nemours« erinnerte mich an etwas. Vielleicht hatte ich meinen Ausflug nicht über Nemours hinaus fortgesetzt. Oder ein Double von mir war bis zum letzten Haus im Dorf gegangen und bis an das grüne Tor. Ein Double oder ein Doppelgänger, wie sie vorkommen in *Die Ewigkeit durch die Gestirne*, einem meiner Lieblingsbücher. Tausend und abertausend Doppelgänger von dir gehen die tausend Wege, die du an den Kreuzungen deines Lebens nicht genommen hast, und du selbst hast geglaubt, es gäbe nur einen einzigen.

Unter den alten Generalstabskarten, die ich vor nunmehr beinahe fünfzig Jahren gekauft habe, fand ich auch die mit der Umgebung von Nemours. Sie zeigte Landstraßen, Wege, Dörfer, die auf der heutigen Michelin-Karte derselben Region nicht mehr zu sehen sind. Aber ich musste mich an die erste Karte halten, wollte ich ans Ziel kommen.

Ich entschied mich, abends gegen fünf aufzubrechen. Es war Anfang September, und die Nacht kam erst spät. Um mich nicht zu verfahren, ergänzte ich die Strecke, die auf dem Kalenderblatt angegeben war, indem ich die alte Generalstabskarte studierte. Ich plante mehrere Umwege ein, denn ich wollte die Gegend besser erkunden und auf diese Weise unterschiedliche Annäherungen versuchen.

Nemours. Moret
Über Veneux-les Sablons fahren (N 6)
Hinter Moret weiter durchs Orvanne-Tal
Lorrez-le-Boccage durchqueren (D 218)
Villecerf (D 218)
Dormelles
Dann zurück in Richtung Nemours
Nemours rechter Hand liegenlassen
Über Laversanne fahren
Landstraße in Richtung Sens, 10 km folgen
Abkürzen über Bazoches-sur-le-Betz und das Gehöft Baslins
Zurück über Égreville und Chaintreaux
Remauville
Letztes Haus im Dorf, rechts, gegenüber der Kirche
Pente du Vieux Lavoir bis zum grünen Tor
Allee. Dornröschen-Schloss

Meine Schrift war viel sicherer als die in blauer Tinte auf dem Kalenderblatt. Während ich die Route genauer bestimmte, war mir, als hätte ich sie schon einmal zurückgelegt, und ich schaute jetzt nicht einmal mehr auf die alte Generalstabskarte. Aber war das wirklich der richtige Weg? In deinen Erinnerungen vermischen sich Bilder von Straßen, auf denen du gefahren bist, und du weißt nicht mehr, welche Provinz sie durchquerten.